War's das schon?

Der Autor:

Seine Tätigkeit als Werbetexter hat Frank Jöricke (*1967) aus Trier nicht geschadet. Im Gegenteil, zeichnet sich doch seine Sprache durch ihre Treffsicherheit und lebendige Fabulierkunst aus. Erweitert um den Blick des Texters, der schon von Berufs wegen immer ein genaues Sensorium für die kleinen und großen Widersprüche des Lebens haben muss, verfällt er dennoch nicht dem Zynismus oder der Verklärung. Sein Erfolgsroman „*Mein liebestoller Onkel, mein kleinkrimineller Vetter und der Rest der Bagage*" wurde im WDR-Fernsehen von Jürgen von der Lippe und Ingo Naujoks euphorisch gefeiert. Außerdem gilt Jöricke als der Entdecker von Guildo Horn, arbeitet nebenbei als Bad-Taste- und Ü-30-DJ, ist Ex-Fußballschiedsrichter und manischer Blutspender (90 Mal in 26 Jahren) – dabei sind seine Bücher alles andere als anämisch!

FRANK JÖRICKE

WAR'S DAS SCHON?

55 Versuche, das Leben und die Liebe zu verstehen

solibro

KLAR SCHIFF

1. Guido Eckert: *Zickensklaven. Wenn Männer zu sehr lieben*
   Solibro 2009; ISBN 978-3-932927-43-0; eBook: 978-3-932927-59-1
2. Peter Wiesmeier: *Ich war Günther Jauchs Punching-Ball!*
   Ein Quizshow-Tourist packt aus. Solibro 2010 (vgl. Nr. 7)
3. Guido Eckert: *Der Verstand ist ein durchtriebener Schuft. Wie Sie garantiert weise*
   werden. Solibro 2010; ISBN 978-3-932927-47-8; eBook 978-3-932927-60-7
4. Maternus Millett: *Das Schlechte am Guten. Weshalb die politische Korrektheit*
   scheitern muss. Solibro 2011; ISBN 978-3-932927-46-1; eBook: 978-3-932927-61-4
5. Frank Jöricke: *Jäger des verlorenen Zeitgeists. Frank Jöricke erklärt die Welt.*
   Solibro 2013; ISBN 978-3-932927-55-3; eBook: 978-3-932927-62-1
6. Burkhard Voß: *Deutschland auf dem Weg in die Anstalt. Wie wir uns kaputtpsycho-*
   logisieren. Solibro 2015. ISBN 978-3-932927-90-4; eBook: 978-3-932927-91-1
7. Peter Wiesmeier: *Steh bei Jauch nicht auf dem Schlauch! Survival-Tipps*
   eines Quizshow-Touristen. Solibro 2016 (überarb. Aufl. des Reihentitels Nr. 2)
   ISBN 978-3-932927-09-6; eBook: 978-3-932927-99-7
8. Ralf Lisch: *Inkompetenzkompensationskompetenz. Wie Manager wirklich ticken.*
   Solibro 2016; ISBN 978-3-96079-013-6; eBook: 978-3-96079-014-3
9. Yvonne de Bark: *Mamas wissen mehr. Das geheime Wissen cooler Mütter.*
   Solibro 2017; ISBN 978-3-932927-00-3; eBook: 978-3-96079-000-6
10. Rob Kenius: *Neustart mit Direkter Digitaler Demokratie. Wie wir die Demokratie doch noch*
    retten können. Solibro 2017. ISBN 978-3-96079-011-2; eBook: 978-3-96079-012-9
11. Burkhard Voß: *Albtraum Grenzenlosigkeit. Vom Urknall bis zur Flüchtlings-*
    krise. Solibro 2017; ISBN 978-3-96079-031-0; eBook: 978-3-96079-032-7
12. Florian Willet: *Mir nach, ich folge Euch! Wie uns die Parteien über den Tisch*
    ziehen. Solibro 2018; ISBN 978-3-96079-045-7; eBook: 978-3-96079-046-4
13. Reiner Laux: *Seele auf Eis. Ein Bankräuber rechnet ab*
    Solibro 2018; ISBN 978-3-96079-053-2; eBook: 978-3-96079-054-9
14. Ralf Lisch: *Incompetence Compensation Competence*
    Solibro 2017; ISBN 978-3-96079-043-3; eBook: 978-3-96079-044-0
15. Frank Jöricke: *War´s das schon? 55 Versuche, das Leben und die Liebe zu verste-*
    hen. Solibro 2019; ISBN 978-3-96079-063-1; eBook: 978-3-96079-064-8
16. Burkhard Voß: *Wenn der Kapitän als Erster von Bord geht. Wie Postheroismus unsere Ge-*
    sellschaft schwächt. Solibro 2019; ISBN 978-3-96079-069-3; eBook: 978-3-96079-070-9

ISBN 978-3-96079-063-1 / 1. Aufl. 2019 / enthält z. T. überarbeitete
Texte aus Frank Jörickes Buch „Jäger des verlorenen Zeitgeists"
© SOLIBRO® Verlag, Münster 2019
Alle Rechte vorbehalten.

Umschlaggestaltung: *Cornelia Niere, München*
Umschlagbild: © *JGI/Jamie Grill/Getty Images*
Autorenfotos S. 2: *Habib Hakimi* (oben), *privat* (unten),
S. 97: *privat*
Druck & Bindung: *CPI Books GmbH, Leck*

verlegt. gefunden. gelesen. **www.solibro.de**

FSC
www.fsc.org
MIX
Papier aus ver-
antwortungsvollen
Quellen
FSC® C083411

Die Jugend wäre eine noch viel schönere Zeit,
wenn sie erst später im Leben käme.

Charlie Chaplin

Inhalt

Was für ein Lesetyp sind Sie? Der Querdenker, der überrascht werden will und gespannt ist, wo der nächste Gedanke hinführt? Oder der Traditionalist, der unbeirrt seinen Weg von der ersten bis zur letzten Seite geht und dann Bilanz zieht? Das spielt bei diesem Buch keine Rolle. Denn „War's das schon?" können Sie auf drei Arten lesen:

1.) *Interaktiv* – am Ende jedes Kapitels finden Sie zwei Vorschläge, wie Ihre Leseroute weitergehen könnte.
2.) *Blockweise* – erst alle Texte über das „Leben", dann alle Texte über die „Liebe".
3.) *Klassisch* geradeaus – schnurstracks von Kapitel zu Kapitel.

Für Katharina

War's das schon?

Warum dieses Buch bei der vorläufigen Lebensbilanz hilft

Vielleicht sind Netflix und Hollywood an allem schuld – die Sehnsuchtsfabriken mit ihren funkelnden Geschichten und schillernden Helden. Solch ein Leben voller Leidenschaft und Turbulenzen würden wir auch gern führen. Also träumen wir von Liebe im Breitwandformat, von XXL-Gefühlen und spektakulären Erlebnissen nonstop. Langeweile kommt in diesen Träumen nicht vor. Alltag auch nicht. Hat man den großen Gatsby je auf dem Klo sitzen sehen?

Vielleicht sind Facebook und Instagram an allem schuld. Davor galt „Dienst ist Dienst, und Schnaps ist Schnaps". „Dienst" war die Arbeit, „Schnaps" das Privatleben. Und das fand im Privaten statt – und nicht unter der Dauerbeobachtung von tausend ziemlich besten Freunden, die alle vorgeben, das geilste, tollste, aufregendste Leben zu führen. Kim Kardashian und Heidi Klum können mit diesem Freizeitstress umgehen, Erika Mustermann eher nicht.

Vielleicht ist der Dauerwohlstand seit den Wirtschaftswunderjahren an allem schuld. Hunger, Krankheit, Krieg,

Vertreibung – das sind echte Probleme. Krisseliges Haar, zwei Kilo Urlaubsspeck und eine ignorierte WhatsApp-Nachricht eher nicht.

Aber woran sind Netflix & Co eigentlich schuld? Daran, dass wir gelangweilt sind und Zeiten nachtrauern, in denen wir noch nicht gelangweilt waren? Daran, dass wir uns mit 35, 45, 55 die Frage stellen „War's das schon?"

Dieses Buch versucht, Gedankenanstöße zu geben. Wohin diese Gedanken führen – das bestimmen Sie. Denn so interaktiv wie das heutige Leben ist auch dieses Buch. Jeder Text führt zu einer Gabelung, an der Sie entscheiden, wie der Weg weitergeht. Doch Vorsicht, mancher Pfad führt zu Gedanken, die Ihr Weltbild erschüttern könnten. „War's das schon?" – garantiert nicht! Viel Spaß bei diesem Trip durch das moderne Leben!

Glückliche Egomanen

Warum die Babyboomer nicht erwachsen werden

Verfluchtes Glück. Es war einfach verfluchtes Glück gewesen. Erst hatten sie den mörderischsten Krieg der Menschheitsgeschichte verpasst und danach den Hungerwinter 1946/47, in dem der Weiße Tod (Tuberkulose) und Typhus viele dahinraffte. Sie, die Babyboomer, mussten weder Trümmer wegräumen noch Lebensmittel beiseiteschaffen. Die frühen autoritären Adenauerjahre waren ihnen, den zwischen 1955 und 1969 Geborenen, ebenso erspart geblieben wie der Spätstalinismus. Stattdessen erlebten sie die Welt als Ponyhof, auf dem Jahr für Jahr ein paar Kleinpferde hinzukamen.

Das galt nicht nur für die Wirtschaftswunder-Bundesrepublik, sondern in schwächerem Maß auch für die DDR. Der Wechsel von Walter Ulbricht zu Erich Honecker 1971 war der Startschuss zu mehr Konsum – „Wohlstand für alle" (Ludwig Erhard) in der abgespeckten sozialistischen Version. Der Westen war zwar weiterhin der Klassenfeind, doch zugleich willkommener Belieferer der Intershops. (Und wer kein Westgeld hatte, konnte seine Ostmark in die Exquisit- und Delikat-Läden tragen – „man gönnt sich ja sonst nichts").

So empfanden die Babyboomer hüben wie drüben das Leben als stetige Verbesserung. Sie waren nicht nur die Babys des Booms, nein, sie erfuhren und lebten ihn in ihrer gesamten Kindheit und Jugend: Die Altbauwohnung mit Etagenklo und Kohleofen wurde gegen einen Neubau mit Zentralheizung getauscht, der überfüllte Omnibus gegen ein Auto, der Volksempfänger gegen einen Fernseher. „Vorwärts immer, rückwärts nimmer", diese Honecker-Parole hätten auch die Babyboomer des Westens sofort unterschrieben. Spätestens, wenn Oma oder Papa von der gar nicht so guten alten Zeit erzählten, wussten sie die Gnade der späten Geburt zu schätzen.

Und das nicht nur in materieller Hinsicht. Mit der Warenpalette wuchs auch das Kulturangebot. 1955, als die ersten Babyboomer auf die Welt kamen, wurde mit „Rock around the clock" auch die moderne Populärmusik geboren – und mit ihr die Jugendkultur. Zum ersten Mal in der Menschheitsgeschichte waren Teenager mehr als ausbeutbare Arbeitskräfte und Kanonenfutter für die Front. Jung sein hieß plötzlich: Spaß haben. Das Leben wurde zum Wunschkonzert. Im wörtlichen Sinn, weil auch die Musikbranche boomte. Nicht allein im kapitalistischen Westen. Wenn es um Songs und Sounds ging, erreichte die DDR das oft beschworene „Weltniveau". Manfred Krug evergreente sich durch die internationalen Charts, City und

Karat überwanden mit ihren Songs den antifaschistischen Schutzwall, und Frank Schöbel meisterte gar die „Wall of Sound" – sein „Wie ein wilder Stern" hätte auch ein Phil Spector nicht bombastischer hinbekommen.

Und weil zum Pop das Poppen gehörte, wurde die Musik zum Soundtrack eines entkrampften Liebeslebens. Im Westen waren es Kommunen und WGs, im Osten die FKK-Kultur, die den Babyboomern dabei halfen, ihren Körper und den des Gegenübers zu entdecken. Wenn es schon mit der politischen Freiheit nicht klappte (die Jugend der BRD holte sich bei Demos regelmäßig Prügel ab, die der DDR kam erst gar nicht dazu zu demonstrieren), dann wenigstens mit der sexuellen – „Euch die Macht, uns die Nacht!" Und zwar in wechselnden Konstellationen. Da niemand zum Establishment gehören wollte, war es eine Frage der Ehre, nicht zweimal mit derselben zu pennen.

Dass das Gros der Nachtrevoluzzer und Spontis dann doch im Establishment landete, ist eine andere Geschichte. Denn einmal mehr hatten die Babyboomer Glück. Der politische Erfolg der Grünen, die Institutionalisierung und Subventionierung alternativer Bewegungen und soziokultureller Zentren, das Ende des Kalten Krieges, der Fall der Mauer – all dies sorgte dafür, dass auch beruflich viele Karten neu gemischt wurden. Sogar selbst erklärte Staatsfeinde von einst fanden sich plötzlich auf der anderen Seite wieder und stellten fest, dass ein bürgerliches Leben ja eigentlich doch ganz okay war, solange man den SUV für Einkäufe im Biomarkt nutzte.

Damit hatte die Geschichte der Babyboomer ihren triumphalen Abschluss gefunden. Die Glückskinder des 20sten Jahrhunderts hatten in jeder Hinsicht gesiegt. Sie waren gesellschaftlich aufgestiegen, hatten halbwegs Karriere gemacht und waren dabei – so glaubten sie zumindest – moralisch sauber geblieben.

Doch genau darin liegt das Problem jener Generation, die heute in Staat, Wirtschaft und sozialen Organisationen das Sagen hat: Sie hat stets nur die Sonnenseite des Lebens kennengelernt. Die Babyboomer haben Deutschland als Land der unbegrenzten Möglichkeiten erfahren, in dem ein studentischer Tellerwäscher vielleicht nicht zum Millionär, aber immerhin zum Leiter einer Tagesförderstätte aufsteigen kann. Anders als ihre Eltern und Großeltern haben sie Krieg, Hunger und Not nie am eigenen Leib erfahren. Ihnen fehlt das Vorstellungsvermögen, dass es mitten in Deutschland Menschen gibt, an denen der Wohlstandszug vorbeigerauscht ist. Da die Babyboomer immer Gewinner waren, kommen Verlierer in ihrem Weltbild nicht vor.

Schon gar nicht die vor der eigenen Haustür. Selbst wenn sie in Berlin leben, ist ihnen New York näher als Neukölln. Stets schweift ihr Blick in die Ferne. Zwar ist ihnen, den fleißigen Flugmeilensammlern, bewusst, dass es ein guatemaltekischer Kaffeebohnenpflücker schwerer hat als sie (weshalb sie den teuren Fairtrade-Kaffee trinken, der nicht nur besser für den Magen, sondern auch für das Gewissen ist), doch vor Ort hört ihr Interesse an prekären Verhältnissen auf. Die weltbereisten Babyboomer wissen mehr über das Problemland Haiti (Karibik) als über den Problemstadtteil Hasenbergl (München).

Ihre Kontakte mit der heimischen Unterschicht beschränken sich auf Comedysendungen mit Cindy aus Marzahn. Dann dürfen sie endlich – frei von den Zwängen politischer Korrektheit – die Assis und Prolls auslachen. In solchen Momenten zeigen die Babyboomer ihr wahres Gesicht: Sie, die Besitzer des Ponyhofs, schauen vom hohen Ross auf die Bewohner der Hartz IV-Gettos herab. All ihr Gerede von einer „gerechteren Welt" vermag die eigene Selbstgerechtigkeit nicht länger zu verbergen. Und mit einem Mal erscheint das Glück, das dieser Generation ihr Leben lang treu blieb, tatsächlich als Fluch.

▶▶ **Von den Babyboomern zur Generation Schneeflocke („Generation Y" oder „Why") (Seite 143)**

▶▶ **Von den Babys der 50er und 60er zu den schwangeren Vätern von heute (Seite 164)**

Burt Reynolds, nackt

Warum auch Männer in der Schönheitsfalle stecken

Es sind nicht nur die Äußerlichkeiten. Das Brustfell, das heute der Heckenschere zum Opfer fiele. Der Schnauzbart, den mittlerweile nur noch Männer tragen, die die letzten 30 Jahre gedanklich verpasst haben. Nein, es ist die ganze Ausstrahlung. Sein Blick und seine Körperhaltung geben klar zu verstehen: „Ich bin die Krone der Schöpfung."

Ein seltsames Selbstbild. Schon 1972, als Burt Reynolds sich für die amerikanische Frauenzeitschrift Cosmopolitan auszog, gehörte er nicht zur A-Liga der Schauspieler. Neben den „Kings of Cool" – Steve McQueen und Clint Eastwood – wirkte Reynolds wie ein Höhlenmensch. Und das sozialkritische New Hollywood, das Verwandlungskünstler wie Dustin Hoffman oder Robert De Niro nach oben brachte, hatte erst recht keine Verwendung für diesen stereotypen Macho.

Und dennoch wusste Reynolds nicht nur brünstige Cosmopolitan-Leserinnen auf seiner Seite, sondern auch seine Geschlechtsgenossen. Man muss sich vorstellen, 85 Prozent aller Männer waren in dem Jahr, in dem Reynolds sich nackig machte, mit ihrem Aussehen zufrieden. Man mag sich nicht vorstellen, wie viele Schmerbäuche, Hänge-hintern und Gesichtsbaracken darunter waren. Das Wort „Selbstzweifel" existierte nicht im Sprachschatz traditio-neller Mannsbilder. In 6.000 Jahren Patriarchat hatten sich Burts Vorfahren einen Schutzpanzer zugelegt, an dem jede Kritik abprallte, vor allem von weiblicher Seite. Wenn eine Frau es wagte, die maskuline Perfektion in Frage zu stellen, hatte sie „wahrscheinlich ihre Tage" oder war eine „doofe Emanze".

Doch die „doofen Emanzen" und einige aufgeklärte männliche Exemplare schafften es, binnen weniger Jahre den Durchschnittsmann so zu verunsichern, dass er Grö-nemeyers Frage „Wann ist ein Mann ein Mann?" nicht mehr beantworten konnte. Das Selbstbewusstsein der Testosteronbolzen hatte einen Knacks erlitten.

Den Rest erledigte die Schönheits- und Fitnessindustrie. Im Bemühen, ihre Produkte und Dienstleistungen an den Mann zu bringen, untergrub sie systematisch dessen Selbst-wertgefühl. Vorbei sind die Zeiten, da männliche Körper-pflege sich auf die Wahl des Rasierwassers beschränkte. Längst sind die Kosmetikabteilungen für Männer fast so groß wie die für Frauen. Den Schönheitsterror, den Mädels seit jeher kennen – selbst Supermodels hadern mit ihren „Schwachstellen" –, erleben nun auch die Kerle. Laut einer englischen Studie sind drei von vier Männern mit ihrem Körper unzufrieden; nur jeder 25ste findet sich sehr attraktiv. Der Adonis-Komplex – das Gefühl „ein Hemd" zu sein und die damit einhergehende Sucht nach Muskeln – ist mittlerweile eine weitverbreitete narzisstische Störung. Kein Wunder, wenn selbst Zeitschriften wie GQ, die sich an männliche Entscheider und Alphatiere richten, sich nicht entblöden, ihren Lesern Bauch-weg-Unterwäsche zu empfehlen.

Spätestens dann lernt man den Burt Reynolds des Jahres 1972 wertschätzen. Ein Mensch, der nie einen Epilierer anrührte, der nie den kleinen Bierbauch in ein Sixpack verwandelte und der dennoch hochzufrieden in die Kamera grient. Ein Mann, dessen souveränes Körperverständnis zum Vorbild für die Frauenwelt hätte werden können. Stattdessen haben die Männer sich die Schönheitsneurosen der Frauen zu eigen gemacht. Wie soll man diesen verhängnisvollen Vorgang bezeichnen? Negative Emanzipation? Gleichberechtigung im Schlechten? Burt, kehr zurück! Wir brauchen dich!

▶▶ **Von eitlen Männern zu uneitlen Fußballern (Seite 133)**

▶▶ **Von eitlen Männern zu eitlen Frauen (Seite 74)**

Leben, leicht

Schuld war nur die Bossa Nova

Warum Brasilien das lässigste Land der Welt war

Die Revolution kam auf leisen Sohlen. Kein einziger Schuss fiel. Es gab weder Tote noch Verwundete. Und statt „Nieder mit dem Regime" (wie es Fidel Castro und Che Guevara in Kuba taten), riefen die brasilianischen Revoluzzer „Schluss mit der Sehnsucht" („Chega de Saudade"). Um genau zu sein: Sie riefen es nicht, sie flüsterten es. Wehmut statt Wut. Doch die Wirkung war einschlagend. Über Nacht übernahm die Bossa Nova die musikalische Herrschaft in Brasilien.

Wir schreiben das Jahr 1958. Während der Rest von Südamerika einem beinharten Machotum frönt, entdeckt Brasilien die Leichtigkeit. Auf dem Fußballplatz dribbeln Pele und Garrincha die gegnerischen Abwehrreihen schwindlig und werden Weltmeister. In der neu gegründeten Retortenhauptstadt Brasilia tritt Architekt Oscar Niemeyer den Beweis an, dass man mit massivem Beton luftig und schwerelos bauen kann.

Die Wirtschaft blüht, das Land erlebt einen Aufschwung. Unter diesen Umständen kann es sich auch die Politik erlauben, die Zügel lockerer zu lassen. Staatspräsident Juscelino Kubitschek regiert nach der Devise „Alles kann, nichts muss." So wird Brasilien zum lässigsten und modernsten Land der Welt.

In einem derart tiefenentspannten Klima fällt es auch sensibleren Gemütern leicht, sich zu entfalten. Antônio Carlos Jobim schreibt eine Reihe melancholischer Lieder, die wie ein Gegenentwurf zur lärmigen Karnevalsmusik namens Samba klingen, darunter auch „Chega de Saudade". Der Song floppt zunächst.

Doch ein Jahr später vertont der 27-jährige João Gilberto diese und weitere Jobim-Kompositionen und löst damit ein musikalisches Beben aus. Das hat es bis dato nicht gegeben: Dass ein scheuer, introvertierter Mann ohne Sambatrommeln, nur mit einer Wandergitarre bewaffnet, auf die Bühne geht, weltvergessen ein wenig zupft und dazu schwermütige Lieder haucht. Doch das Wunder geschieht: Ausgerechnet Gilberto, der eher an Dustin Hoffman in „Die Reifeprüfung" erinnert als an Che Guevara, wird zum Anführer einer ganzen Musikergeneration. Die Bossa Nova (deutsch: die neue Welle) überschwemmt Brasilien mit zahllosen Alben.

Und bald auch Nordamerika. Das Bossa Nova Festival 1962 in der New Yorker Carnegie Hall wird zu einem Triumph. Plötzlich will jeder Brasilianer sein. Sogar Frank

Sinatra, der 1967 mit Antonio Carlos Jobim ein Bossa-No-va-Album einsingt. Gilberto empfindet dies als Hochver-rat. Doch zu diesem Zeitpunkt ist Brasilien ohnehin wieder eine stinknormale Militärdiktatur geworden. Und Bossa Nova ist nur noch die Erinnerung an eine unbeschwerte Zeit, in der alles möglich schien.

▶▶ **Von der einstigen portugiesischen Kolonie nach Portugal (Seite 64)**

▶▶ **Vom Schwellenland Brasilien zum Schwellen-land Vietnam (Seite 93)**

Ihr werdet betrogen!

Warum das Studentenleben nicht mehr lustig ist

Ihr müsst jetzt stark sein, liebe Studentinnen und Studenten! Was nun folgt, wird nicht schön werden. Am Ende dieser Abrechnung werdet Ihr euch wünschen, Ihr hättet 25 Jahre früher studiert – in den 90ern, als das Studium noch keine lineare Fortsetzung der Schule war.

Das ist es nämlich heute. Ihr kommt an die Uni, und es ist so wie damals im Gymnasium. Vor jedem Schuljahr, pardon, Semester, legen andere, quasi die Lehrer, für euch die Marschroute fest. Sie diktieren euch den Stundenplan, kontrollieren eure Anwesenheit und entscheiden nach einem halben Jahr, ob Ihr versetzt werdet. Das alles kommt euch selbstverständlich vor – Ihr kennt es ja nicht anders. Aber eigentlich hat es mit dem, was ein Studium mal ausmachte, nichts mehr zu tun.

Denn das Studium in der Vor-Bachelor-Ära diente nur vordergründig dem Lernstoff- und Scheinerwerb. Tatsächlich war es eine Scheinveranstaltung, bei der der Student phasenweise Leistungsbereitschaft und Zielstrebigkeit simulierte, um sich den Rest der Zeit jede erdenkliche Freiheit herauszunehmen. Das musste er auch, um den ganz normalen Irrsinn einer deutschen Massenuni zu ertragen: selbstgefällige, desinteressierte Professoren, feindselige Verwaltungsangestellte, chronisch überfüllte Seminare sowie Mensawarteschlangen auf DDR-Niveau. Rasch begriff der Student, dass er hier nicht erwünscht war. Er hatte keine Hilfe zu erwarten. Inmitten Tausender von Menschen war er auf sich allein gestellt.

So lernte er Selbständigkeit. Er begriff, dass er nicht nur gezwungen war, seinen Stundenplan in Eigenregie zusammenzustellen, sondern sein ganzes Leben. Zum ersten Mal musste er eigenverantwortlich Entscheidungen treffen: Brachte einen das Gespräch in der Kneipe oder das Referat in Mittelhochdeutsch weiter? War das Nachtleben es wert, frühmorgendliche Statistikvorlesungen sausenzulassen? Wie schaffte man die Balance zwischen Scheine erwerben (= Hausarbeiten) und Scheine verdienen (= Jobben)? Und immer wieder die Frage: Pflicht oder Kür?

Man konnte sein Studium in vier, fünf Jahren runterknüppeln – Augen zu und durch! Man konnte sich aber auch sechs, acht, zehn Jahre Zeit lassen und auf diese Weise nicht nur ein paar Partys mehr mitfeiern, sondern auch das Leben jenseits des eigenen Studienfachs erkunden. Manch einer entdeckte dabei, dass ihn der Nebenjob beruflich weiterbrachte als Exkursionen in Geografie Und immer wieder geschah es, dass man sich im Auslandsjahr ein neues Vokabular aneignete, das der Liebe. Auf diese Weise wurde das Studium zu einer Reise ins Ich, zu einem Selbsterfahrungstrip. Der Student lernte nicht für die Hochschule, sondern fürs Leben. Wenn er sein Diplom, Magister oder Staatsexamen in der Tasche hatte, besaß er neben Wissen auch ein wenig Weisheit.

Davon könnt Ihr, Studenten der Generation Y, nur träumen. Ihr werdet durch die Uni geschleust wie ein Serienprodukt in einer automatisierten Werkhalle: systematisch, effizient, schnell. Da bleibt keine Zeit für Abstecher jenseits des Fließbands. Wenn Ihr mit 23, 24 auf den Markt geworfen werdet, erwartet euch eine Welt, auf die Ihr — seelisch immer noch Oberschüler – nicht vorbereitet seid.

„Wie ist das, wenn man über seine Zeit selbst bestimmen kann?" Auf diese wichtige Frage verweigert euch das Studium die Antwort. Denn Ihr werdet betrogen um die Erfahrung der Freiheit. Weil Ihr aber spürt, dass es anders sein müsste, und weil Ihr ahnt, dass diese Hatz im Hamsterrad auf Dauer nicht gutgehen kann, sucht Ihr nach Auswegen. Wenn schon keine große Freiheit, dann wenigstens kleine Fluchten! Und so ringt Ihr später, im Beruf, um familiengerechte Arbeitszeiten, um die vielzitierte Work-Life-Balance. Ihr kämpft um jede freie Minute und fürchtet insgeheim, dass Ihr den Kampf – wieder mal – verlieren werdet.

▶▶ **Warum die Arbeitswelt nicht mehr lustig ist (Seite 181)**

▶▶ **Lustige Unterhaltung: Ukulelen, Stepptänzer & Co (Seite 90)**

Der Begemann im Mann
Warum Selbstzweifel kluge Lieder hervorbringen

Der Mann hat ein Problem. Seine Beziehung kommentiert er reichlich ernüchtert: „Wir sind zwei Mal zweite Wahl, wir sind ein unattraktives Paar." Doch Mitleid ist fehl am Platz. Schon beim Kennenlernen hat dieser Mann es auf Tristesse angelegt. „Bis du was Besseres findest, nimm mich", gehört nicht zu jenen Anmachsprüchen, mit denen man den Grundstein für eine leidenschaftliche Liebesgeschichte legt. Kein Wunder, dass die hündische Unterwerfung oft genug scheitert. „Ich kann dich nicht kriegen, Katrin", lautet die Bilanz des enttäuschten Mannes.

Der Mann heißt Bernd Begemann und füllt seit den 90ern die Klubs und Kulturzentren der Republik. Die Zuschauer erleben einen etwas pummeligen Mittfünfziger, der mit sich hadert. So kann es passieren, dass Begemann nach drei Liedern sein Sakko auszieht, auf die Schweißränder unter seinen Achseln blickt und seufzt: „Ich wollte Stil und Klasse verkörpern, und jetzt schwitz ich wie ein Schwein."

Und das sind noch die kleineren Probleme im Leben des Bernd Begemann. Was in seinen Liedern an Enttäuschungen nicht abgehandelt wird, erzählt er in den Moderationen dazwischen. Dann erfährt man zum Beispiel, dass die Beziehung zu der Frau, mit der er eine gemeinsame Tochter hat, in die Brüche gegangen ist – und plötzlich wähnt sich der Zuschauer nicht mehr in einem Konzertsaal, sondern am Tresen einer Eckkneipe.

Bloß hat Begemann nicht den Blues, sondern den Pop. Viele seiner Songs klingen fröhlich dahingeschrammelt, bisweilen kinderliedhaft. Und in den Texten siegt meist die Selbstironie über das Selbstmitleid. Immer wieder nimmt Begemann sich auf die Schippe, kokettiert mit den Niederlagen und Beinahe-Siegen in seinem Leben. Dabei wirkt er – was sich bei seinen Liveauftritten gut beobachten lässt – wie ein knuffiger Teddy, der einfach gedrückt werden will. (Und die Vermutung liegt nahe, dass dies nach manchen Konzerten auch geschieht).

Ein Fall von umgekehrter Rollenverteilung: Begemann weckt bei Frauen Beschützerinstinkte – das Gegenteil eines Machos. Denn Letzterer trumpft auf, protzt, gibt sich größer, als er ist. Begemann hingegen macht sich klein. Viel zu klein. Er, der genauer beobachtet und treffendere Worte findet als die meisten deutschen Songwriter der letzten dreißig Jahre, stellt sein Licht permanent unter den Scheffel.

Doch warum tut er dies? Weil ihm der Megaerfolg eines

Herbert Grönemeyer oder Udo Jürgens versagt bleibt? Weil er, der Wahlhamburger, von den Wahlhamburgern der „Hamburger Schule" – Tocotronic, Blumfeld, Die Sterne – kommerziell überholt wurde?

Oder geht es am Ende viel tiefer? Ist Begemann einer dieser Zweifler, deren Selbstwertgefühl chronisch ramponiert ist? Eine Frage, über die man sich beim nächsten Konzert mal wieder Gedanken machen kann.

▶▶ **Vom verhinderten Star zum jämmerlichen Star (Seite 98)**

▶▶ **Vom Beinahe-Erfolg zum zu späten Erfolg (Seite 119)**

Zu sexy für den Rest

Warum deutsche Städte unter Berlin leiden

Erst kamen die Baulöwen. Wann hatte es das zuletzt gegeben: Inmitten einer Millionenstadt waren riesige Freiflächen mit Beton zu füllen! Dann zog es die Werbe- und Webagenturen nach Berlin. Zu verlockend war die Vorstellung, den Namen der Hauptstadt auf der Visitenkarte gedruckt zu sehen – selbst wenn der Umsatz weiterhin am Stammsitz in Bottrop gemacht wurde. Nach und nach hielt die Boheme Einzug. Es hatte sich unter Künstlern herumgesprochen, dass die Mieten und Lebenshaltungskosten in Berlin sensationell niedrig waren. Auch trug Armut hier nicht den Stempel des Versagens, sondern war von Party-Herrscher Wowereit als „sexy" geadelt worden. Schließlich rückten die Journalisten an. Zum einen, weil auch der Kanzler und seine Minister jetzt Wahl-Berliner waren, zum anderen, weil gute Geschichten hier quasi auf der Straße lagen. Man musste nur aufschreiben, was sich seit gestern verändert hatte.

Nun, da alle hier waren, rieb man sich anderswo verwundert die Augen. Denn das Wiedererblühen Berlins war das Ergebnis einer Bluttransfusion. Und zur Ader gelassen wurden jene Städte, die in der alten Bundesrepublik den Ton angegeben hatten. Zum Beispiel Köln. In den 80ern und frühen 90ern war die Stadt ein Mekka für Musiker und Bildende Künstler. Die Pop-Intellektuellen der Zeitschrift Spex waren hier zuhause. Auch gab es die schrillsten Galerien und die lautesten Liveclubs. Bis heute berichten Besucher des Rose Club von jenem Novemberabend 1989, als eine Band namens Nirvana die Bühne betrat. Aus und vorbei! Heute kann Köln nur noch mit Kölsch und Karneval punkten.

Andere westdeutsche Großstädte erlitten einen ähnlichen Bedeutungsverlust. Bochum lebt von der Erinnerung an die großen Tage des Schauspielhauses unter Peter Zadek und Claus Peymann. Hamburg, einst Pressehauptstadt, musste mit ansehen, wie ganze Redaktionen, vorneweg die der Bildzeitung, in die echte Hauptstadt umzogen. München schaut neidisch gen Osten, weil viele Filme und Serien jetzt in Babelsberg, unweit vom Berliner Wannsee, gedreht werden. Ja, selbst Münchens Status als Schickimicki-Metropole ist in Gefahr. Es kann kein Zufall sein, dass Baby Schimmerlos, der Klatschreporter aus „Kir Royal", in Helmut Dietls Film „Zettl" heißt und sein Revier nach Berlin verlegt hat.

Und kleinere Städte wie Trier? Vor dem Fall der Mauer desertierten junge Leute allenfalls nach West-Berlin, um dem Spieß oder der spießigen Provinz zu entkommen. Wie Ernst Ulrich Deuker, der 1971, im Alter von 17, Trier verließ. Es folgten brotlose Jahre als Bassist in Polit- und Jazzrockbands, bis er 1981 eher zufällig mit Ideal den Durchbruch erlebte. Zwei Jahre später löste sich die Band wieder auf.

Zu dieser Zeit hätte Deuker sein altes Trier nicht mehr wiedererkannt. Losgelöst vom etablierten Stadttheater und den überkommenen Kunstvereinen hatten sich Künstlergruppen gebildet, die Probe- und Ausstellungsräume einforderten. Mit Erfolg. 1985 erhielt die „Moselmetropole" – wie so viele Städte in der alten mittelpunktlosen Bundesrepublik – ihr alternatives Kulturzentrum. In der Folge erlebte die freie Theater-, Musik- und Kunstszene einen nie gekannten Boom.

Einer, der damals vorwegmarschierte und mit seinen Revuen ein großes Rad drehte, war Michael Kiessling. Er hätte nicht nach Berlin zu gehen brauchen. Anders als der junge Deuker hatte er sich bereits einen Namen gemacht. Doch nur in Berlin konnte er sich mit der Nachfolgeband von Ton Steine Scherben/Rio Reiser zusammentun – Punktsieg für die Hauptstadt! In seiner Heimat ist es seit seinem Weggang stiller geworden.

►► „Sex and the City" (Seite 69)

►► Sex und Madonna (Seite 74)

Die „Good Girls" der Bösen

Warum schlechte Zeiten gute Zeiten sind

Amazon, klar, das sind die Bösen. Der Konzern, der bei den Steuern trickst, seine Angestellten knechtet und den Einzelhandel zerstört, indem er – bei seinem Geschäftsmodell Amazon Prime – vom Angelhaken bis zur Zahnpasta alles frei Haus liefert.

Bloß sind die Leute, die Amazon lenken, nicht nur böse, sondern auch clever. Sie sind sich bewusst, dass das Image des Raffzahns und Ausbeuters die Umsätze gefährdet. Umgekehrt honoriert es der kritische Konsument, wenn sich ein Unternehmen zumindest Mühe gibt. Und da die klugen, fiesen Menschen von Amazon wissen, dass es – angesichts des langen Vorstrafenregisters – mit ein bisschen Bio, Öko und Fairtrade nicht getan ist, hatten sie eine bessere Idee: Sie gründeten die Filmgesellschaft Amazon Studios. Diese hat seit 2013 mehrere Dutzend Serien und Spielfilme hervorgebracht. Und das ist dann der Punkt, an dem die Sache interessant wird.

Denn dieser Ableger des Bösen kreiert Gutes. Im allgegenwärtigen Superhelden-Kino, das in Schlachtfestmanier die Marvel-Comics der letzten Jahrzehnte verwurstet, überrascht Amazon Studios mit sezierenden Dokumentationen („I Am Not Your Negro"), anarchischen Independentstreifen („Wiener-Dog") und beklemmendem Neorealismus („Manchester By The Sea"). Also genau mit der Art von Filmen, wie sie Hollywood seit der Schockstarre des 11. Septembers nicht mehr hinbekommt.

Entsprechend hat sich das Interesse jener, die von Kino mehr erwarten als Computeranimationen und 3D-Effekte, hin zum Fernsehen verlagert. Wer die Welt, in der wir leben, besser verstehen will, findet in TV-Serien wie „Mad Men", „Breaking Bad" oder „House of Cards" reichlich Anhaltspunkte. Doch auch auf diesem Feld zeigt Amazon Studios künstlerischen Ehrgeiz. Für „Homecoming", eine Serie über die fragwürdige Therapie traumatisierter Kriegsveteranen, konnte man Julia Roberts gewinnen. Und da gibt es die Science-Fiction-Nazi-Dystopie „The Man in the High Castle", die auf einem Roman von Philip K. Dick beruht, und als zeitliches Gegenstück die „Good Girls Revolt", die in eine unheile Vergangenheit blickt: die späten 60er und frühen 70er.

Jene Jahre werden heute gerne pazifistisch verklärt: Summer of Love, Flower-Power, Woodstock, Give Peace a Chance, Friede Freude Eierkuchen – als wäre die Welt eine einzige Hippiebewegung gewesen! Tatsächlich gab es auch damals unzählige Menschen, die in Büros ganz bürgerlich ihr Geld verdienten. Nur dass das Geldverdienen für Frauen deutlich härter war. „Good Girls Revolt" zeigt den Arbeitsalltag in einem amerikanischen Nachrichtenmagazin: hier die Rechercheurinnen, dort die Reporter. Die Frauen arbeiten den Männern zu, und diese heimsen die Lorbeeren ein. Und selbst wenn eine Frau mal einen Artikel schreiben darf, steht darunter der Name eines Mannes, der natürlich drei Mal so viel verdient wie sie – „It's a Man's Man's Man's World."

Und was im Beruf passiert, setzt sich im Privaten fort. Die Männer entstammen dem Lehrbuch des angewandten Chauvinismus. Warum sollte eine Frau Karriere machen, wenn Sie bald Gattin und Mutter sein wird! Das alles ist grausam, unfair – und herrlich mitanzusehen. Denn der Kampf gegen eine himmelschreiend ungerechte Welt bereitet ein höllisches Vergnügen. „Good Girls Revolt" lebt von dem Enthusiasmus, den Menschen entwickeln, wenn sie ihr Schicksal nicht länger als gottgegeben hinnehmen. Man(n) ertappt sich dabei, dass man die rebellierenden „Good Girls" beneidet. Weil sie etwas hatten, worum es sich zu kämpfen lohnte. Weil sie all die Schlachten, die heute längst gewonnen sind, noch ausfechten durften. Wie viel aufregender muss es gewesen sein, den offenkundig Bösen und Borniertn die Stirn zu bieten, statt sich – zwecks Sinnstiftung – mit makrobiotischer Ernährung und fernöstlichen Entspannungstechniken zu beschäftigen.

Heute sind die Bösen so unscheinbar und lässig wie Amazon. Und wenn man sich ihre filmischen Produkte anschaut, ist man sich nicht einmal mehr sicher, ob sie nicht eigentlich doch ganz okay sind.

▶▶ **Die schlechten guten Zeiten des Fußballs**
   (Seite 133)

▶▶ **Noch mehr Diskriminierung**
   (Seite 122)

James Bond lebt nicht zweimal

Warum 007 mehr als ein Quantum Trost braucht

Wann ist ein Mann ein Mann? An der Definition, was „männlich" sei, haben sich Selbsterfahrungsgruppen, Psychoratgeber, Frauenzeitschriften und Herbert Grönemeyer erfolglos abgearbeitet. Dabei ist die Sache ganz einfach, zumindest für das Gros der Männer. Männlich sein heißt, all die Dinge zu tun, die man als Kind schon gern tat (raufen, rumtoben, Rabatz machen), und außerdem noch Sex zu haben.

Womit wir bei James Bond wären, dem Mann, der über Jahrzehnte hinweg Männlichkeit definierte. Der ungestraft raufte, rumtobte und Rabatz machte – und jede Frau herumbekam. Frau? Es muss natürlich „Gespielin" heißen. Denn der Umgang mit dem anderen Geschlecht bedeutete für Bond nie Beziehung – also Ernst, tiefe Gespräche, seelischer Beistand –, sondern immer nur Spiel. Und das fand mit dem Morgengrauen sein abruptes Ende, weil dann für Bond wieder Raufen angesagt war.

Was die Gespielinnen nicht weiter störte. Von einer Honey Rider, Pussy Galore, Kissy Suzuki oder Mary Goodnight war kein Klammern und Jammern zu erwarten. Hier bürgte schon der Name für Unverbindlichkeit, für Spiel ohne Grenzen und Spaß ohne Folgen.

Und wenn eine Frau doch mal aufbegehrte, es wagte, eine eigene Meinung kundzutun, stellte Bond per Backpfeife die Machtverhältnisse klar. Noch in den vermeintlich so fortschrittlichen 70ern wurde die Hand zur Peitsche, wenn das Weib nicht spurte. Ob Connery (Diamantenfieber, 1971) oder Moore (Der Mann mit dem goldenen Colt, 1974), die Ohrfeige war eine legitime Disziplinierungsmaßnahme. Das sah das überwiegend männliche Publikum ähnlich. Vielleicht weil es in den Beziehungen der meisten Zuschauer nicht viel anders zuging. Was heute als häusliche Gewalt gilt, war damals Alltag.

Doch die Gesellschaft änderte sich. Da Bond stets deren Spiegelbild war, musste auch er sich ändern. Auf dem Höhepunkt der Aidsangst wurde er monogam (Der Hauch des Todes, 1987). Und schließlich wurde er gar kleinlaut, wenn eine Frau ihn in die Schranken wies. Was hätte er auch anderes tun sollen, wenn diese Frau seit Goldeneye (1995) seine Vorgesetzte war!

Wenigstens raufen darf er weiterhin – auch das weibliche Publikum mag Action –, aber an fröhliche Bettkämpfe ist seit Casino Royale (2006) mit Daniel Craig nicht mehr zu denken. Mit ihm wurde Bond zum Individuum mit

Gefühlen. Zum Grönemeyer-Mann, der emotional verwundet wurde und sein Verlusttrauma zu überwinden
sucht. Bloß: So verhält sich kein Idol. So verhält sich ein
typischer Mann, der plötzlich allein dasteht und derart
liebeskummerkrank wird, dass er das Bond-Girl nicht mal
anrührt.

Und vielleicht liegt darin der wahre Grund, warum die
Abstände zwischen den Filmen immer größer werden. Es
ist nicht nötig, auf der Leinwand einen Geschlechtsgenossen zu sehen, der weh- und selbstmitleidig herumirrt.
Da genügt ein Blick in den Spiegel.

▶▶ **Von Honey, Pussy und Kissy zu Carrie, Miranda und Samantha (Seite 69)**

▶▶ **Vom lässigen Bond zur lässigen Bossa Nova
(Seite 23)**

Ein anderes Leben

Die Beste aller Welten

Warum es Zeit ist für ein Comeback der Disco

Wir wollen alle eine andere Welt. Deshalb gehen manche auf die Straße oder in den Untergrund und andere in die Kirche oder in den Club. „Club"? Der hieß vor einigen Jahrzehnten „Disco". Denn dieser Ort war in den 70ern und frühen 80ern untrennbar mit der gleichnamigen Musik verbunden.

Angefangen hatte alles in den späten 60ern. In Amerika entdeckten Minderheiten das erregende Gefühl der Freiheit. Junge Schwule und Schwarze wollten nicht länger eine Schattenexistenz führen. Und auch den weißen heterosexuellen Kids der Armenviertel ging es ähnlich; sie hatten ihr tristes, düsteres Leben satt. Sie alle wollten raus aus der gesellschaftlichen Finsternis; es drängte sie ans Licht.

Und nirgends war es heller als in der Diskothek. Wenn sich die Lichterblitze in der Discokugel spiegelten, erstrahlte nicht nur der Raum, sondern auch die Menschen, die sich darin bewegten. Kein Film veranschaulicht dies deutlicher als „Saturday Night Fever" aus dem Jahr 1977. Sobald der kleine Ladenangestellte Tony Manero (John

Travolta) die Tanzfläche betritt, wird er zu einem anderen Menschen.

Denn in der Disco spielten soziale Herkunft, Hautfarbe, Religion und sexuelle Neigungen keine Rolle. Hier zählte nicht, wer man war, sondern wer man sein wollte. Die Alltagsidentität endete in dem Augenblick, in dem man sich fürs Ausgehen zurechtmachte. Aus grauen Mäusen wurden Paradiesvögel. Davon profitierten ganze Industriezweige. Haarstyling-Produkte, Goldschmuck, Glitzeranzüge, Schuhe in poppigen Farben (am besten mit Plateausohle) – in Sachen Selbstinszenierung schien es keine Grenzen zu geben. Das erklärt, warum Rockfans Discogänger verabscheuten. Während Erstere in Echtheit und Authentizität ein Ideal sahen, wollten Letztere sich neu erfinden. Weil auch die Disco eine Erfindung ist. Alles in ihr war künstlich: das Licht, das Dekor und natürlich die Musik.

Deren Wurzeln mochten schwarz sein – James Brown und Aretha Franklin, also Funk und Soul der 60er Jahre, funktionierten auch unter der Spiegelkugel –, doch spätestens, als der Südtiroler Giorgio Moroder Donna Summer und der Hunsrücker Frank Farian Boney M. groß rausbrachten, wurde aus Disco Weltmusik.

Und diese fand nicht nur den Weg in die Metropolen, sondern auch in die Provinz. Denn nirgendwo ist die Angst, das Leben zu verpassen, größer als dort, wo sich Fuchs und Hase gute Nacht sagen. Diskotheken wie das New Yorker Studio 54 oder die Pariser Les Bains Douches vermittelten eine Ahnung davon, wie glamourös, ja, dekadent das Leben sein konnte. Solche Kathedralen des Nachtlebens hatten eine Strahlkraft, die noch die tiefste Walachei erreichte. Massenweise entstanden in Kleinstädten, in Dörfern, selbst an Waldrändern Discotempel. Zwar hätte sich dort nie ein Andy Warhol, eine Grace Jones oder ein Jack Nicholson hin verirrt, doch immerhin die GIs der nahegelegenen Air Base. Sie brachten die große weite Welt ins Hinterland. Und wenn die Nacht damit endete, dass der farbige US-Soldat mit einem German Mädel schlief, dann war dies auch ein Akt der Völkerverständigung.

So verwandelte die Disco ihre Besucher; diese wurden offener, entspannter, glücklicher. Und bisweilen auch klüger. Weil man in der Disco nicht nur tanzen und feiern konnte, sondern auch beobachten, was auf und neben dem Dancefloor so alles passierte. Wie ein Stummfilm, der von euphorischer Musik begleitet wird. Deshalb brauchte es auch keine Filme, die in Diskotheken spielen – die Disco selbst war das Kino. Und wie jedes Hollywood-Epos war sie „larger than life". Sie zeigte, wie Menschen aus ihrer Alltagsrolle ausbrachen. Wie sie ihre schönere und mutigere Seite auslebten und dafür manchmal mit einem Happyend belohnt wurden.

Auf diese Weise wirkte die Disco bewusstseinsverändernd. Wer sich ihrem Bilder- und Klangrausch hingab, der sah danach die Welt mit anderen Augen. Der begriff, dass die größte Bedrohung im Leben nicht die Russen oder

Amis waren, nicht der Kapitalismus, Kommunismus oder sonst ein -mus, sondern der Trott. Die ewige Routine, die Menschen mürbe und müde macht. Höchste Zeit für ein Comeback der Disco!

▶▶ **Das Jahrzehnt, in dem Disco starb (Seite 109)**

▶▶ **Euphorie in der Vor-Disco-Zeit (Seite 107)**

Das ewige Jahrzehnt

Warum uns die 00er Jahre verfolgen

Biene Maja ist schuld. Mit ihr fing alles an. Danach kamen Kermit und Miss Piggy, dann die schnellen Autos und schließlich der Staatsanwalt. So geht – in aller Kürze – die Geschichte des Medienunternehmens EM.TV, das mit den Rechten an Zeichentrickfilmen bekannt wurde, danach überteuert die Mutterfirma der Muppets und die Formel 1-Vermarktungsrechte erwarb, Bilanzen fälschte und sich am Ende finanziell übernahm. Und es ist die Geschichte des Neuen Markts, der viele solcher Jungunternehmen kannte, die rasant abhoben und noch schneller abschmierten. Vor allem aber ist es die uralte Geschichte der Gier. Vom Traum, ohne Anstrengung reich zu werden. Nur mit Aktien. Und zumindest am Anfang gelang dies sogar: Wer Ende 1997 mit 5.000 Mark einstieg, war Anfang 2000 Millionär. Und wer Anfang 2000 mit einer Million Euro einstieg, hatte Anfang 2003 noch 5.000 übrig.

Und irgendwie ist es auch die Geschichte des World Wide Web. Dass eine Nation braver Bausparer über Nacht zu tollkühnen Börsenzockern wurde, ist eine Folge des Internets und der damit verbundenen Möglichkeit, per

Mausklick Aktien zu kaufen und zu verkaufen. Das Web beschleunigte nicht nur den Wertpapierhandel, sondern auch die Kommunikation. Flatrate sei Dank konnten Leute, die seit Jahren keinen Brief mehr geschrieben hatten, endlich rund um die Uhr „chatten" und „mailen". Und flirten. Der deutsche Wortschatz wurde um die „Internetbekanntschaft" bereichert. Längst ist die virtuelle Welt ein Ort realer Annäherungsversuche. Menschen verlieben sich nicht länger in verräucherten Eckkneipen, sondern vor Computerbildschirmen. Die sichere Distanz und die Gewissheit, sich jederzeit zurückziehen zu können, macht es selbst Schüchternen leicht, die Fühler auszustrecken.

Doch der Zweifel bleibt. Nicht nur Papier ist geduldig, sondern auch die Eingabemasken der sozialen Netzwerke und Partnerportale. Nirgendwo wird so unverblümt geflunkert und so schamlos geschönt wie im Web, oder sagen wir's netter: Imagepflege betrieben. Muss ja keiner wissen, dass das Foto im Netz schon neun Jahre alt ist und allenfalls zufällige Ähnlichkeit mit lebenden Personen aufweist. Spätestens bei der Begegnung in 3D mit Geruchs- und Tonspur – „Date" hieß das früher – tritt die Ernüchterung ein: Glamourgirl entpuppt sich als piepsende graue Maus, und Adonis hat Schuppen und Mundgeruch. Wieder ein Traum geplatzt.

Doch wir wollen nicht klagen. Eigentlich geht es uns gut. So gut, dass wir von jenen, denen es schlechter geht, gehasst werden. Wie sehr, das wird uns seit dem 11. September 2001 immer wieder vor Augen geführt. An diesem Tag gingen nicht nur Wolkenkratzer zu Bruch, sondern auch Weltbilder. Mancher zu Wohlstand gekommene Altaktivist musste lernen, dass Solarzellen auf dem Dach, Rußfilter im SUV und Einkäufe beim Öko-Edelitaliener zwar das eigene Gewissen beruhigen, nicht aber todesbereite Fundamentalisten, denen die ganze Erste Welt (also wir) ein Dorn im Auge ist.

Lauter schlechte Nachrichten also? Keineswegs. Die nahenden Lawinen – Bankrott von Städten und Staaten, soziale Unruhen Marke Paris/Athen, Häufung von Hurrikans und anderen Klimakapriolen – verlangen Rettungskräfte, die unerschrocken agieren. Klare Köpfe, die ihre Illusionen hinter sich gelassen haben und zwischen Wunsch und Wirklichkeit zu unterscheiden wissen. Kurz: Menschen, die in den 00er Jahren erwachsen wurden. Bereit für die Zukunft?

▶▶ **Der Aufsteiger der 00er Jahre: Facebook (Seite 173)**

▶▶ **Die Absteiger der 00er Jahre: Kreative (Seite 187)**

Leben, zerrissen

Schuld und Rausch

Warum großes Leid große Kunst hervorbringt

Die Unschuld verlor George Michael am Tag nach seiner Geburt. Da gab der Onkel – schwul in einer Zeit, als Schwulsein als Frevel galt – seiner Todessehnsucht nach. „Ich glaube, er musste warten, bis meine Mutter mich hatte", beschrieb George Michael 40 Jahre später in dem Song „My mother had a brother" den zeitlich genau abgepassten Selbstmord – die Geburt des Neffen als Freifahrtschein für den eigenen Todestrip. War der Säugling Georgios schuld an einem Suizid?

Schuld – ein Begriff, der in der Welt von Sex & Drugs & Rock'n'Roll ja eigentlich nicht vorgesehen ist. Alles hat gefälligst Spaß zu sein. Das Leben als große Sause. Erst recht, wenn man Wham! heißt und gleich mit der ersten Single, dem „Wham Rap", die Nonstop-Party eröffnet: „Enjoy what you do!" Also tut George Michael das, was junge Männer halt so tun, wenn sie die Möglichkeit dazu haben: Er schläft mit vielen Frauen – und fühlt sich mies dabei. Weil er sich zwar körperlich, nicht aber seelisch zu ihnen hingezogen fühlt. Er spürt, dass er „emotionally gay" ist, und schämt sich dafür, dass er Frauen am Ende nur benutzt. In jenen Tagen entsteht „Careless whisper", und plötzlich kommt einem die alberne Zeile „Ich werde nie wieder tanzen; schuldige Füße haben keinen Rhythmus" gar nicht mehr so albern vor.

Natürlich hat George Michael weitergetanzt, aber er hat aufgehört, wahllos mit Frauen zu schlafen. Er hat stattdessen – mit 23 – seine erste und einzige „richtige" Freundin, Kathy Jeung. Und weil er sich im Video zu „I want your sex" ausgiebig mit ihr räkelt, hält sich in der Öffentlichkeit noch ein paar Jahre der Glaube, George wäre ein typischer Lederjacken-Heten-Macho.

Das ändert sich mit seiner großen Liebe, Anselmo Feleppa, der an Aids erkrankt und 1993 stirbt. Ein vermeidbarer Tod? George Michael glaubt, dass eine Therapie in den USA oder London Anselmos Leben gerettet hätte. Doch aus Angst vor dem Medienrummel hatte sich Anselmo nach Brasilien abgesetzt und dort eine Hirnblutung erlitten. So endete die Flucht vor dem Ruhm des Partners im Tod. Und wieder ist sie da, die unsichtbare Verfolgerin: die Schuld. George Michael verarbeitet sie in „Jesus to a child". Ein neuer Song nach mehreren Jahren Pause und zugleich das alte Lied: große Kunst, die aus großem Leid erwächst.

Ist sein Glück das Unglück anderer? 1996 verliebt er sich erneut. Als er seiner Mutter davon berichtet, beichtet sie ihm, man habe Krebs bei ihr festgestellt. Ein Jahr später ist auch sie tot. Und jetzt kennt George Michael kein Halten mehr. Er ist die Tiefschläge leid, will die Kontrolle über sein Leben zurück – indem er den Skandal sucht und findet. Die Toilettenfestnahme-Farce 1998 nutzt er für einen Befreiungsschlag. Das Video zu „Outside" zeigt die andere Seite George Michaels. Hier ist er nicht mehr das Opfer, dem das grausam launische Schicksal die Liebe(n) raubt, sondern der Angreifer, der sein Recht auf Ekstase einfordert.

Das Lied funktioniert auch ohne Bilder. Weil das Treiben der Beats das Miteinander-Treiben vorwegnimmt. Deshalb ist es nur konsequent, dass George Michael die Stücke für seine Best-of-Sammlung „Ladies & Gentlemen", die im gleichen Jahr erscheint, sauber trennt nach „For the Feet" und „For the Heart". Dadurch entsteht das Bild eines Menschen, der gegensätzlicher kaum sein könnte: Er ist der Sanguiniker, der immer wieder neu anfängt, sich voller Lebensgier in die Nacht stürzt, um am nächsten Morgen als Melancholiker aufzuwachen, weil ihn Weltschmerz und Schuldgefühle, die ihm quasi in die Wiege gelegt wurden, einmal mehr eingeholt haben. Dieser ständige Kampf gegen sich selbst – das Hin und Her zwischen Rausch und Ernüchterung, zwischen neuem Glück und altem Unglück – hat ihm nach und nach die Kraft geraubt. „Das Licht, das doppelt so hell brennt, brennt eben nur halb so lang", heißt es in Blade Runner.

▶▶ **Durchbruch mit George Michaels „Freedom":
Robbie (Seite 101)**
▶▶ **Melancholisch wie George Michael: Lissabon
(Seite 64)**

Liebe zum Nachwuchs

Mann oder Mama?

Warum Helikopterväter scheitern

Der Feind ist ein Phantom. Jedem Versuch, ihn dingfest zu machen, entzieht er sich. Er findet ständig neue Wege und schlägt unvermittelt zu. Wieder und wieder. Der Feind ist das schlechte Gewissen.

Ein schlechtes Gewissen? Opa hätte dies nicht verstanden. Genauso wenig wie die Frage, ob er ein guter Vater gewesen sei. Kindererziehung war Frauensache, basta! Wenn man ihm vorgeschlagen hätte, an einer Hechelrunde, pardon, einem Geburtsvorbereitungskurs teilzunehmen, wäre er in Gelächter ausgebrochen.

Dem Mann von heute ist das Lachen vergangen. Tagsüber muss er Karriere machen; daran hat sich nichts geändert. Aber jener Abschnitt, der einst Feierabend hieß, nennt sich nun „Quality Time mit der Familie" – ein Fall von Orwell'schem Neusprech. Wo früher den Arbeitsheimkehrer eine Flasche Bier erwartete, verbunden mit dem an den Nachwuchs gerichteten Satz „Lasst Papa in Ruhe; er hatte einen anstrengenden Tag", ist heute Kinderbeschäftigung angesagt. Der Zeitgeist will es so.

Denn Blagen sind nicht mehr, wie zu Opas Zeiten, das

Ergebnis unzulänglicher Verhütung, sondern ein weiteres Projekt. Und so wie in der Berufswelt immer irgendetwas „optimiert" werden muss, glaubt Mann auch in Sachen Nachwuchs alles koordinieren und steuern zu können – der Weg zur Eliteuni führt über die frühkindliche Pädagogik. Der Vater wird dabei zum Controller, der das Projekt „Kind" von der Schwangerschaft an betreut und eingreift, wenn die angestrebte Norm nicht erreicht wird.

Allerdings ist solch eine Pädagogikwelt evolutionäres Neuland für Männer. Daher sind gerade die überzeugtesten Pioniere tief verunsichert. Sie stellen sich Fragen wie: „Hat der Säugling einen Knacks fürs Leben weg, wenn sein Erzeuger dem Kreißsaal fernbleibt?" Bloß kein Risiko eingehen! Also wohnt er dem „Wunder der Geburt" bei, obwohl er kein Blut sehen kann. Um auch danach nichts falsch zu machen, greift er zur Fachliteratur. Beim Projekt „Kind" darf nichts dem Zufall überlassen werden. Selbst das Thema Säuglingskost wird intensiv ausdiskutiert. Wie haben frühere Generationen bloß ohne makrobiotische Ernährung das erste Jahr überlebt? Und auch die Auswahl der Spielsachen erfolgt so akribisch, als würde man Plutonium anreichern. Theoretisch kann nun nicht mehr viel schiefgehen. Aber dann macht dem Profi-Papa die doofe Praxis immer wieder seine schönen Theorien kaputt.

Das Konfliktmanagement auf dem Spielplatz scheitert regelmäßig daran, dass die infantilen Konfliktparteien sich irrational verhalten. Auch werden gesteckte Leistungsziele permanent verfehlt – warum bloß interessiert sich der Vier-jährige mehr für Matschbomben und Spritzpistolen als für das pädagogisch wertvolle Spielzeug aus dem Manufac-tum-Katalog? So erlebt sich der Helikoptervater, der es doch nur gut meint, immer wieder als Versager.

Seine Frau, vielfach eine Hubschraubermutter, bestärkt ihn in dieser elenden Rolle. Sie untergräbt sein schwinden-des Selbstbewusstsein weiter, indem sie ihn mitleidslos mit seinen Misserfolgen und Mängeln konfrontiert – und die liegen nicht nur auf dem Feld der Kindererziehung.

Auch das hätte Opa nicht verstanden. Zu seiner Zeit ge-nügte es, Versorger zu sein – „mit Kohle ist man auch als Dicker gefragt." Im Gegenzug übernahm die Frau den Part der Haushaltsmanagerin, Erzieherin und Bettgespielin. Die Ehen, die auf Grundlage dieses wirtschaftlichen Deals zustande kamen, waren selten erfüllend. Dennoch blieben die Partner in ihrer Unglücksgemeinschaft aneinander-gekettet; der Ausweg Scheidung war wegen des bis 1977 geltenden Schuldprinzips hochriskant.

Die Frau von heute braucht keinen Versorger mehr. Geld verdient sie selbst. Daher stellt sie andere Anforderungen an den Partner – und die haben es in sich. Es ist ein perfider Winkelzug der Emanzipation, dass Frauen von Männern all das verlangen, was diese früher umgekehrt erwarteten: geiles Aussehen, gut in Bett und Küche, Kinderbetreuung, Verwöhn- und Bedienservice rund um die Uhr, allzeit Ver-ständnis für Launen und Macken und niemals aufmucken.

Natürlich kann kein Mann der Welt all diese Kriterien erfüllen. Dies zu erkennen, bedarf es keines allzu großen Realitätssinns. Doch weil auch die Frau, geprägt durch die Berufswelt, das Optimierungsdenken verinnerlicht hat, nimmt sie männliche Schwächen nicht länger hin. Fehlertoleranz war gestern! Es lebe die Perfektion! Also muss der Mann sich grundlegend ändern, auf allen Gebieten besser werden. Change-Management ist angesagt. So kommt zu dem Projekt „Kind" das Projekt „Mann" hinzu.

Die Frau wähnt sich dabei im Recht. Umso mehr, als sie Feministinnen und It-Girls an ihrer Seite hat. Die Feministinnen bestärken sie darin, nach 6.000 Jahren Patriarchat den Spieß einfach umzudrehen – als würde die bloße Umkehrung der Geschlechterrollen die Welt auch nur einen Deut besser machen! Die It-Girls, wie Kim Kardashian oder Daniela Katzenberger, leben ihr vor, dass eine Frau nichts können oder tun muss, solange sie über „it" – das gewisse Etwas – verfügt. Und beide, Feministinnen wie It-Girls, suggerieren ihr, dass es okay ist, maßlose Ansprüche und Forderungen zu stellen.

An dieser Stelle müsste der Mann aufbegehren. Hier aber kommt sein größter Feind ins Spiel: das schlechte Gewissen. Nach 50 Jahren Feminismus, in denen ihn die Medien hartnäckig mit der gewalttätigen Geschichte seiner männlichen Ahnen konfrontiert haben, hat er verinnerlicht: Er ist nicht nur ein potenzieller Vergewaltiger, kriegslüsterner Mörder und rücksichtsloser Umweltzerstörer, sondern auch ein lausiger Vater. Und genau dort liegt sein wunder Punkt.

Er will es anders machen als Opa, der unter Kinderbeschäftigung Sportplatz- und Kneipenbesuche verstand. Er will seinem Spross bester Freund und Spielpartner sein. Also gewöhnt er sich die Kleinkindsprache an, stapft trötend als Benjamin Blümchen umher, lernt den Prinzessin-Lillifee-Tanz – und macht sich in den Augen seiner Gattin zum Affen. Tarzan mutiert zum Primaten. Aus „Du bist mein Liebhaber" wird „Du kannst mich mal gernhaben." Während der Mann den Nachwuchs bespaßt, findet die Frau ihre spirituelle Mitte beim durchtrainierten Yogalehrer.

So wird der Vater zum Kindermädchen – und ist ratlos. Er, der im Beruf gelernt hat, dass es keine Probleme mehr gibt, sondern nur noch „Herausforderungen" und „Lösungen", weiß nicht, wie er die Projekte „Papa" und „Partner" unter einen Hut bringen soll. Denn dies ist keine Aufgabe für Herkules, sondern für eine multiple Persönlichkeit. Doch wer will schon schizoid sein!

Was also tun? Längst weiß die moderne Väterforschung: Der Mann darf keinen auf Mama machen. „Imitiert er ihr Verhalten, dann scheitert er", weiß die Entwicklungspsychologin Lieselotte Ahnert. Höchste Zeit also, liebe Helikoptermänner, für etwas mehr Gelassenheit! Ihr werdet den Wunschbildern aus Frauenzeitschriften nie entsprechen. Und Ihr werdet als Väter Fehler machen. Ganz bestimmt. Doch macht es auf eigene Art. Verschrottet nur erst den Hubschrauber, und kreist mal wieder um Euch selbst! Vielleicht klappt's dann auch wieder im Bett.

▶▶ **Mann statt Mama: James Bond (Seite 39)**

▶▶ **Als Kindererziehung Frauensache war (Seite 77)**

Herzschmelze in Duisburg

Warum Fatih Akin das deutsche Kino rettet

Dereinst in ferner Zukunft werden Hieroglyphenforscher das deutsche Kino des frühen 21ten Jahrhunderts zu entziffern suchen. Sie werden rätseln über Filme, deren Darsteller stets unter Strom stehen und doch seltsam saftlos wirken. Die ständig Emotionen beschwören, aber nie Gefühle zeigen. Die unentwegt reden und doch nichts sagen. Schon gar nichts über den Ort und die Zeit, in der sie leben. Die Forscher werden sich fragen, was für ein wunderliches Land diese Bundesrepublik gewesen sein muss. Ein Land, losgelöst von Raum und Zeit, bewohnt von Menschen ohne Wurzeln, ohne Vergangenheit, ohne Bindungen.

Und dann, wenn die Forscher fast die Hoffnung aufgegeben haben, diesem sonderbaren Land mit seinen kauzigen, notorisch gereizten Menschen auf die Spur zu kommen, werden sie auf „Solino" stoßen. Sie werden vor Freude in die Hände klatschen, weil das Land auf einmal ein Gesicht bekommt: eins mit Unebenheiten, mit unschönen

Narben, mit Wunden, die nicht zuheilen wollen. Und mit einem Lächeln, das alles wettmacht.

„Solino", das ist die Geschichte einer sizilianischen Familie, die in Duisburg das deutsche Wirtschaftswunder sucht, es mit einer Pizzeria zu finden glaubt und schließlich zerbricht. Eine Kleinfamilien-Sage, erzählt in Zehn-Jahres-Etappen von 1964 bis 1984, in deren Mittelpunkt die beiden Söhne Gigi (Barnaby Metschurat) und Giancarlo (Moritz Bleibtreu) stehen. Es geht um Liebe und Verrat, um Hochgefühle und Tiefschläge, um Träume, die zum falschen Zeitpunkt wahr werden, und um Alpträume, die den Keim des Glücks in sich tragen. Kurz: Es geht ums pralle unberechenbare Leben. Jene explosive Mixtur, um die sich die meisten deutschen Filmemacher feige herumdrücken.

Fatih Akin nicht. Der Regisseur von „Kurz und schmerzlos", „Gegen die Wand", „Soul Kitchen" und „Der goldene Handschuh" hat keine Angst vor Pathos und Passion, weil er die Algebra des Kinos beherrscht. Er kennt die Formel, die Zuschauer in Mitleidende verwandelt. Und er verrechnet sich nie. Denn das Leben wird bei Akin zum Nullsummenspiel. Weshalb in „Solino" das Glück des einen immer auch das Unglück des anderen ist.

Akin zeigt den Erfolg, der aus dem Neid erwächst, die Eifersucht, die Brüder in Konkurrenten verwandelt, und den Betrug, der sie zu Feinden macht. So viel aufgestauter Groll und ungebremste Wut wie zwischen Bleibtreu und

Metschurat waren schon lang nicht mehr im Kino zu erleben. Und zwischen beiden, da steht Jo (Patrycia Ziolkowska), die Frau mit dem schönsten Lächeln seit Christiane Paul in „Das Leben ist eine Baustelle".

Dass auch sie keine Heilige ist, ist für den Fortgang der Handlung und ihre dramatische Zuspitzung nicht unerheblich. „Solino" lebt davon, dass seine Charaktere menschlich und manchmal allzu menschlich sind. Sie werden anderen untreu, um sich selber treu zu bleiben. Wie im richtigen Leben. Nur bekommt man genau das – in dieser Intensität, mit dieser Wucht und Ausdrucksstärke – in deutschen Kino- und Fernsehproduktionen selten zu sehen. Und vielleicht werden sich dereinst in ferner Zukunft die Hieroglyphenforscher fragen, ob dies am deutschen Film oder an der deutschen Wirklichkeit lag.

▶▶ **Wie im richtigen Leben, aber mit Mord: Tatort (Seite 104)**

▶▶ **Wie im richtigen Leben, aber ohne Dramatik: Judith Hermann (Seite 149)**

Instantfeste

Warum Eventdinner boomen

Oma – Gott hab sie selig! – konnte unbarmherzig sein: „Beim Essen wird nicht ferngesehen!" Dieses Machtwort hatte zur Folge, dass man die Ergebnisse ihrer Kochkunst bewusst wahrnahm. Keine Zeichentrickserie lenkte von den Katastrophen ab, die kurz zuvor in der Küche stattgefunden hatten. Mal war die Salzdosierung aus dem Ruder gelaufen, mal das ursprünglich saftige Fleisch in der Pfanne verendet. Besser waren Familienfeste: Durch die Unterhaltung bei Tisch vergaß man, dass der Truthahn wie immer „gut durch", also trocken wie Zementstaub war. Auf einmal spielte die Qualität des Essens keine Rolle mehr. Wichtiger waren die Schwänke, die von der geschwätzigen Tante und dem leutseligen Vetter genussvoll ausgebreitet wurden.

Ortswechsel: ein mittelgroßer Festsaal irgendwo in Deutschland. Wieder steht Schwank auf dem Programm, diesmal jedoch professionell inszeniert. Unter dem Oberbegriff „Eventdinner" feiern Brot & Spiele ihr zeitgemäßes Comeback. Das Angebot ist riesig. Es gibt Comedydinner, Märchen-, Krimi-, Musical-, Western- und Draculadinner.

Die Geschichten, die man dort serviert bekommt, sind so einfach zusammengerührt, dass man der Handlung selbst dann noch zu folgen vermag, wenn man sich zwischendurch ins Essen vertieft.

Doch wer tut dies schon? In Zeiten des vorgefertigten Convenience-Foods – der Soßen, Gemüse und Desserts, die frisch aus dem Beutel kommen – müssen Gastronomen neue Wege finden, um zahlungskräftige Kundschaft anzulocken. Eventdinner sind dafür der geeignete Köder. Der Mensch ist nämlich – was im Zeitalter des Individualismus gern vergessen wird – ein geselliges Wesen. Feier-Tage sind seit jeher zentraler Bestandteil jeder Kultur. Bloß ist das Festefeiern im 21ten Jahrhundert gar nicht so einfach. Durch die Globalisierung der Wirtschaft und das damit verbundene Berufsnomadentum sind Freunde und Verwandte vielfach in aller Herren Länder versprengt. Unter der hohen Mobilität leiden Stadtteil-, Dorf- und Vereinsfeste – zu viele Zugezogene, zu viele Weggezogene, zu viel Fremdheit.

In diese Lücke stoßen die Eventdinner. Sie bieten einen großen festlichen Rahmen und liefern zugleich das passende Programm, damit sich unter lauter Unbekannten keiner unwohl fühlen muss. Die Rollen der gesprächigen Verwandten übernehmen dabei umherziehende Gauklertruppen; tourende Schauspielensembles, die durch die Einbeziehung des Publikums in die Handlung die Atmosphäre so weit lockern, dass spätestens zum Hauptgang Plauderlaune herrscht. So wird es am Ende ein netter Abend. Das Essen war okay, das Stück recht kurzweilig, und die Leute am Tisch waren auch nicht verkehrt.

Und doch hinterlässt das Ganze einen seltsamen Nachgeschmack. Ein wenig wie bei Instantkaffee. Es sieht aus wie Feiern, es wirkt wie Feiern (dafür sorgt der Alkohol), aber es schmeckt nicht wie Feiern, sondern irgendwie künstlich. Persönliche Erlebnisse gehören eben nicht in die Hände von Eventmanagern.

▶▶ **Von Eventdinnern zu Christmas-Events**
(Seite 152)

▶▶ **Wenn nix passiert**
(Seite 149)

Zurück in die Zukunft

Warum Lissabon ein Ort für Zeitreisende ist

Das Missverständnis beginnt bereits am Flughafen von Lissabon. Alles wirkt so seltsam vertraut: die austauschbare Architektur, das sterile Airport-Mobiliar, das allgegenwärtige Gebrauchsenglisch. Sogar die Reklametafeln scheinen globalisiert. Die Werbung für das portugiesische Bier Sagres sieht nicht viel anders aus als die für Früh Kölsch. Auf der Fahrt in die Stadt dann die üblichen Junkfood-Verdächtigen: McDonald's, Burger King, Kentucky Fried Chicken. Es gibt ja Menschen, die essen im Ausland als Erstes einen Big Mac, um das Gefühl der Entwurzelung loszuwerden. Das ist in Lissabon nicht nötig; die hiesige Spezialität Pastel de Nata hilft nicht minder bei der Akklimatisierung. Die mit Pudding gefüllten Blätterteigtörtchen wird keine Zunge, die durch deutsche Backwaren konditioniert wurde, als exotisch empfinden.

Auch die Ohren werden nicht mit zu viel Fremdheit überfordert. Bekanntlich sind alle Portugiesen chronisch traurig und hören deshalb rund um die Uhr traurige Fado-Lieder; das macht dieses Volk einzigartig. Eigenartig ist da nur, dass beim Eurovision Song Contest 2017 ausgerechnet ein Portugiese mit einer traurigen Ballade gewann. Offensichtlich ist auch der Rest von Europa längst vom Melancholie-Virus befallen. (Und die traurigsten Lieder sang sowieso George Michael; und der war kein Portugiese).

Es scheint, als ließe sich das Andere, das Fremde nicht an Teigwaren und Tonträgern festmachen. Die República Portuguesa wirkt auf den ersten Blick nicht so viel anders als die Bundesrepublik. Ist Portugal am Ende nur dasselbe in Grün-Rot?

Machen wir den Fußballtest! Wie jeder 11Freunde-Abonnent weiß, lässt sich das ganze Leben – die Liebe, die Treue, der globale Kapitalismus und der menschliche Irrsinn – durch Fußball erklären. Also auf zu Benfica Lissabon gegen CD Tondela! Tondela? Den Ort muss man nicht kennen. Er hat nur 4.500 Einwohner und liegt irgendwo in der Pampa von Portugal, wo garantiert kein Trendtourist sich hinverirrt. Dagegen ist selbst die TSG 1899 Hoffenheim (die immerhin in der „Metropolregion Rhein-Neckar" liegt) ein Klub von Weltniveau. Wenn also Benfica (Großregion Lissabon: 2,4 Millionen Einwohner) gegen das Kaff Tondela spielt, ist dies eine klare Sache. Schon nach 13 Minuten steht es 1 zu 0.

Und nach 39 Minuten 1 zu 2. Was danach – die nächsten 55 Minuten – passiert, ist dann tatsächlich fremd und anders. Es ist ein Fußballspiel wie aus den Zeiten vor Tiki-Taka: Die einen stürmen wie Attilas Hunnen, die anderen verteidigen, als hinge ihr Leben davon ab. Es ist wie eine Zeitreise in die 80er Jahre, als in der Bundesliga noch durchschnittlich 3 bis 4 Treffer pro Spiel fielen. Tore statt Taktik. Ja, man selber erlebt den Fußball wie in den 80ern. Damals, als jeder Stadionbesuch noch ein Erlebnis war, ein Rausch, eine Zitterpartie, eine emotionale Achterbahnfahrt. Man hatte ja völlig vergessen, wie sich das anfühlt: ein Fußballmatch, das keine Variante von Rasenschach ist, bei dem ein einziger geschickter Spielzug alles entscheidet („Schalke 04 geht uneinholbar 1 zu 0 in Führung").

Am Ende gewinnt der Außenseiter 3 zu 2. Damit ist für Benfica Lissabon das Thema Meisterschaft erledigt. Die enttäuschten Benfica-Fans könnten jetzt den Platz stürmen, denn es gibt weder meterhohe Gitter noch Hundertschaften von Polizisten und Ordnern, die die Hooligans aufhalten könnten. Doch – und das ist die nächste Überraschung – alle bleiben friedlich. Gewalt in Fußballstadien scheint in Portugal unbekannt zu sein.

Jetzt gehen wir erst mal ein Bier trinken! Diesmal führt die Zeitreise nicht in die 80er, sondern in die 50er und 60er Jahre, als Design ein Fremdwort war und Innenarchitekt ein exotischer Beruf. Es gibt sie hier noch, die schmucklosen Speiselokale (allenfalls ein Werber, der Sauerkraut als Christbaumschmuck anpreist, würde sich trauen, von „Restaurant" zu sprechen). Mit ihren eng gestellten Tischen und der Turnhallenbeleuchtung sind sie der Gegenentwurf zur Erlebnisgastronomie. Denn während in Themenrestaurants oder bei Krimidinnern alles

dafür getan wird, dass der Besucher eine schöne Zeit hat –
vom Raum- und Beleuchtungskonzept bis zum Rahmen-
programm –, müssen sich die Tischgäste der spartanischen
portugiesischen Speisehäuser schon selbst bespaßen. Hier
werden nur Tellergerichte und Getränke konsumiert, fürs
Entertainment tragen die Sitzenden die Verantwortung.
„Unterhaltung" und „sich unterhalten", also miteinander
reden, bilden hier noch eine Einheit.

Genug der Geselligkeit! Zeit, den 90ern einen Besuch
abzustatten! Damals nahm in Mittel- und Osteuropa der
Turbokapitalismus an Fahrt auf. Doch in Portugal bekam
man davon nicht allzu viel mit. Während sich in Londons
City bald nur noch Ölscheichs und russische Oligarchen ein
Apartment leisten konnten, war es in Lissabon dank rigo-
roser Mietpreisbindung möglich, für 50 Euro im Zentrum
zu wohnen. Dann kam die Finanzkrise 2008. Portugal
erhielt Notkredite unter der Bedingung, den Immobilien-
markt freizugeben. Und seitdem findet in Lissabon das
Gleiche statt wie im Leipzig, Warschau oder Prag der 90er:
Verfallene Altbauten werden luxussaniert. Das ist gut fürs
Stadtbild und für reiche Investoren und schlecht für die
weniger reichen Einheimischen.

Und es ist aufregend, weil Zeiten des Booms auch Zeiten
des Überschwangs sind. Menschen stürzen sich in Aktivi-
täten, vor denen sie in weniger rauschhaften Zeiten zurück-
schrecken würden. Wie der Pharmazeut Carlos Alves, der
privat lieber Gin als Arzneimittel mischte. Gemeinsam

mit anderen Wacholderschnaps-Liebhabern startete er das Projekt Gin Lovers. Daraus ging die gleichnamige Bar hervor, die in einem neomaurischen Palast untergebracht ist. Verglichen mit diesem majestätischen Saal wirkt das Schumann's in München wie eine Eckkneipe. So bringt Größenwahn Großartiges hervor. Und plötzlich erinnert man sich wieder: Genau so fühlten sie sich an, die 90er. Jene selige Epoche, die etwas verspätet am 11. September 2001 endete.

Wie die Lissaboner Zeitreisen enden werden? Vermutlich wird Lissabon in zehn, fünfzehn Jahren eine ganz normale, normierte Touristenstadt sein. Aus Brauchtum wird Folklore. Schon jetzt wimmelt es in Lissabon von „authentischen" Fado-Bars, in denen ausschließlich Urlauber sitzen. Und die traditionellen Straßenbahnen sind vom Verkehrsmittel zur Sehenswürdigkeit mutiert. Es ist eine Entwicklung, die kaum aufzuhalten sein wird. Noch aber hat man die Chance, die spannende Übergangsphase vom faden Alten zum monotonen Neuen live mitzuerleben – aber, pssst..., sagen Sie es bitte nicht weiter!

▶▶ **Von der portugiesischen zur deutschen Hauptstadt (Seite 32)**

▶▶ **Vom Fado zum traurigen Mann (Seite 29)**

Keine Liebe

Frauen zum Abgewöhnen

Warum Männer „Sex and the City" meiden sollten

Männer verstehen Frauen einfach nicht (Folge 2763). Bestes Beispiel: „Sex and the City". Für Frauen sind Carrie & Co leuchtende Vorbilder. Identifikationsfiguren, deren Freuden und Nöte, Hoffnungen und Ängste ihnen allzu bekannt vorkommen. Die Romantikerin darf sich in Charlotte wiedererkennen, die Zynikerin in Miranda, die Leichtlebige in Samantha und die Emotionale in Carrie. Und alle Zuschauerinnen dürfen sich am exquisiten Mode- und Schuhgeschmack der Protagonistinnen erfreuen.

Aus der Sicht eines Mannes sieht die Sache komplett anders aus. Für ihn ist jede der Akteurinnen auf ihre Art ein Alptraum. Charlotte zappelt herum wie eine brünette Barbiepuppe. Miranda ist so locker wie ein eingeklemmter Ischiasnerv und so warmherzig wie ein 3-Sterne-Eisfach. Samantha urteilt gnadenloser als ein Punktrichter beim Eiskunstlauf (vor allem, wenn es um die sexuellen Fähigkeiten ihrer Liebhaber geht – ganz heikles Thema). Und

Carrie? Ihre Gefühle (= Neurosen) und ihr impulsives Handeln (= Hysterie) würden selbst abgebrühte Kerle in den Wahnsinn treiben.

Ja, so ungefähr denkt ein Mann über die Heldinnen von „Sex and the City" bzw. so würde er denken, wenn er die Filme oder die Serie jemals zu Gesicht bekäme. Tut er aber nicht – und das ist auch gut so! Sonst käme er ins Grübeln. Er würde sich fragen: „Warum mag meine Partnerin diese Frauen? Was sagt es über sie aus, wenn sie sich mit Carrie identifiziert? Ist sie am Ende genauso?" Und dann bekäme er es mit der Angst zu tun. Und Männer, die Angst haben ... aber das ist ein anderes Thema.

▶▶ **Der Soundtrack zur Liebe (Seite 161)**

▶▶ **Paare zum Abgewöhnen (Seite 159)**

Spielen nach Bauplan

Warum Erwachsene sich ihre Kindheit rekonstruieren

Natürlich hat es solche Leute früher auch schon gegeben. In sich gekehrte Bastler, die in ihrer Freizeit Modellflugzeuge zusammenleimten. Stupide nach Bauanleitung. So entstanden filigrane Werke konzentrierter Arbeit, die außer die Erschaffer niemanden interessierten – in den Kellern dieser Republik stauben die Miniaturnachbauten von Fortbewegungsmitteln vergangener Jahrzehnte vor sich hin.

Peter Tauber, Ex-CDU-Generalsekretär, sieht nicht aus wie jemand, der Modellflugzeuge baut. Der Mittvierziger wirkt lässig, aufgeschlossen, smart. Und doch findet sich in seinem Bundestagsbüro ein ebensolches Werk. Es ist der Millennium-Falke, auch Rasender Falke genannt; jenes legendäre Raumschiff aus Star Wars, das mithalf, den Todesstern zu zerstören. Auch dieser steht in seinem Büro und sieht dem Original verblüffend ähnlich.

Kein Wunder. Tauber verdankt seine Konstruktionskünste den Bausätzen von Lego Star Wars. Horrende Gebühren musste der Lego-Konzern hierfür dem Lizenzgeber

LucasArts überweisen – und wurde dafür mit exorbitanten Gewinnen belohnt. Denn die Spielzeugindustrie hat längst die Erwachsenen als Zielgruppe entdeckt. Die vielteiligen, hochkomplexen Bausätze von Lego Star Wars sollen nicht kleine Kinder ansprechen, sondern das Kind im Manne.

Zum Beispiel das in Peter Tauber. Seine Leidenschaft für Star Wars begründet er mit den Worten: „Es ist die Geschichte vom ewigen Kampf des Guten gegen das Böse. Das fasziniert Menschen seit Jahrhunderten. Auch ich konnte und kann mich dieser Faszination nicht entziehen." Das klingt einleuchtend und ist doch nur die halbe Wahrheit.

Wer Kindern beim Spielen zuschaut, dem fällt auf, dass sie die Themen ihrer Spiele, zum Beispiel Star Wars, nie eins zu eins wiedergeben. Filme und Bücher dienen nur als Rohmaterial, als grobe Vorlage, die wild verfremdet und radikal verändert wird, frei nach Pippi Langstrumpf: „Ich mach mir die Welt, widdewidde, wie sie mir gefällt."

Erwachsene haben dies verlernt. In den meisten Berufen ist nicht Kreativität verlangt, sondern Effizienz und Perfektion. Dinge müssen schnell und fehlerfrei erledigt werden. Willkürliches Ausprobieren würde den „Workflow" – das Ineinandergreifen der einzelnen Arbeitsschritte – gefährden. Bloß ist der Mensch keine Maschine, und mit dem Feierabend kehrt die Erinnerung zurück, dass es im Leben doch mehr gibt als Projekte, Präsentationen und Meetings. Dann möchte man Dinge tun, die zweckfrei sind.

Zugegeben, um jetzt noch kreativ zu sein, sind die meisten zu erschöpft. Auch Peter Tauber wird nach einem 10- oder 12-Stunden-Tag, nach einer 50- oder 60-Stunden-Woche die schöpferische Kraft fehlen, eine neue fremde Welt zu entwerfen. Es reicht dann nur noch dafür, eine alte vertraute Welt nachzubauen.

Zum Beispiel die von Star Wars. Und während er Legostein auf Legostein setzt, träumt Tauber vielleicht davon, wie es damals war, in seiner Kindheit. Damals, als nicht nur die Frage, wer die Guten sind und wer die Bösen, irgendwie einfacher zu beantworten war.

▶▶ **Wenn Erwachsene Kinderbücher lesen (Seite 79)**

▶▶ **Infantiles Sozialverhalten: Facebook (Seite 173)**

Madonna altert nicht

Warum auch Wandel Grenzen kennt

Als sie sich das erste Mal auszog, 1979, war es Verzweiflung. Sie war jung und brauchte das Geld. So billig sollte nie wieder jemand an Aktaufnahmen von Madonna gelangen. Als sie sich das zweite Mal auszog, 1984, war es Berechnung. Für das LP-Cover von „Like A Virgin" hatte sie sich lustvoll herausgeputzt, aber der Blick machte klar: „Der Körper mag mein Kapital sein, doch den Preis bestimme ich." Und in der Single „Material Girl" fügte sie hinzu: „Der Richtige ist immer der mit der Kohle" („The boy with the cold hard cash is always Mr. Right"). Als sie sich das dritte Mal auszog, 1992, war es Befreiung. Die erotischen Fantasien in ihrem Bildband „Sex" wurden damals als allzu gewollte Provokation missverstanden (immerhin, in Japan verbot man das Buch), dabei praktizierte Madonna nur das, was sie stets in ihrer Karriere getan hatte: eine Facette ihrer Persönlichkeit zu zeigen.

Bis Madonna kam, waren Stars eindimensionale Wesen, deren Image nicht mehr verändert werden durfte, sobald es einmal festgelegt worden war. Der 70-jährige Multimillionär Bruce Springsteen wird auf ewig der einfache ehrliche Junge aus der Arbeiterklasse bleiben. Madonna aber zeigte mit jedem neuen Album: „Das bin ich außerdem." Also kamen hinter dem berechnenden „Material Girl" ständig neue Persönlichkeiten zum Vorschein. Mal wurde sie zur naiven Tochter, die beim Vater Hilfe sucht („Papa Don't Preach"), mal zur beseelten Katholikin, die die (körperliche) Liebe als Heilige Messe zelebriert („Like A Prayer"), mal zum unglücklichen „Bad Girl", das seinen Herzschmerz mit Affären und Alkohol betäubt, und immer wieder zur Verfechterin einer unverklemmten Sexualität.

Die Angriffe des prüden Amerikas auf Ihren erotischen Bildband konterte sie mit dem Song „Human Nature": „Es ist euer Problem, nicht meins" („You're the one with the problem"). Gleich ein Dutzend Mal wiederholt sie darin die Zeile „Geh aus dir raus, tu dir keinen Zwang an" („Express yourself, don't repress yourself"). Spätestens da begreift man, dass Madonna sich als Aufklärerin versteht. Das Recht auf Selbstverwirklichung, das sie sich stets genommen hat, fordert sie für alle ein. So wird sie zum Vorbild der Ängstlichen und Schüchternen. Madonna zeigt, was möglich ist, wenn Mann oder Frau sich nur traut.

Das funktionierte bis Anfang der 00er Jahre. „Music" darf als das coolste Video gelten, das eine Schwangere je gedreht hat. Selbst jetzt, als zweifache Mutter, wirkte sie lässiger als alle Popsternchen zusammen. Und dann erwischte es sie doch. Zum ersten Mal in ihrer Musikkarriere verhob sie sich an einer Rolle. Auf „American

Life" (2003) markierte sie nicht nur optisch den Che Guevara. Sie, die mittlerweile in England lebte, probierte sich in Gesellschaftskritik an ihrer Heimat USA. Doch Album und Singleauskopplungen floppten. Dass Madonna die hohle, oberflächliche Promikultur beklagte, nahmen ihr viele nicht ab.

Danach ging sie auf Nummer sicher. „Confessions On A Dance Floor", „Hard Candy", „MDNA", „Rebel Heart" und „Madame X" sind solide Tanzalben auf der Höhe der Zeit. Natürlich finden sich auch dort genug Verweise auf ihr Leben, wie „Miles Away", ein Abgesang auf ihre Ehe mit Guy Ritchie. Doch etwas Entscheidendes fehlt. Madonna ist mittlerweile 61 Jahre alt. Man wüsste gerne, wie sie damit umgeht. Noch mehr Fitnesseinheiten? Doch wieder Botox? Gar OPs? Oder einfach nur Gelassenheit? Sie, die in Sachen Sexualität über Jahre hinweg Volksaufklärung betrieb, hüllt sich zum Thema Jugendwahn in Schweigen. Vielleicht weil sie selbst dessen Opfer ist. Oder weil sie ratlos ist. Noch immer kann Madonna jede Erscheinungsform des Girls glaubhaft verkörpern, doch die Rolle der reifen Frau – wie soll das gehen?

▶▶ **Emanzipation vor Madonna: „Good Girls Revolt" (Seite 35)**

▶▶ **Der Star als armes Würstchen (Seite 98)**

Die Welt vor Alice Schwarzer

Warum die Mad Men zur Aufklärung beitragen (Staffel 1: 1960)

Willkommen in der guten alten Zeit: Der Arbeitstag beginnt mit einem Whiskey, die erste Packung Kippen ist zum Mittagessen aufgeraucht, und die neue Sekretärin erfährt eine Behandlung, als hätte sie in einer Rotlichtbar angeheuert, und nicht in der angesagtesten Werbeagentur New Yorks. Dort nämlich spielt „Mad Men", Amerikas „Beste Dramaserie" seit den 00er Jahren (nicht nur nach Meinung der Golden Globe- und Emmy-Juroren).

Wobei die Mad Men – die erfolgreichen Werber der Madison Avenue – weniger verrückt sind, als der Titel glauben macht. Denn sie verhalten sich nicht so viel anders als die meisten ihrer Geschlechtsgenossen. In jenen Tagen ist es normal, wenn ein Frauenarzt das Rezept für die Pille mit der Warnung verknüpft, die Patientin möge sich nicht in einen „Wanderpokal" verwandeln. Es ist auch normal, wenn ein Werbetexter eine Firmenchefin anblafft, er lasse es nicht zu, dass eine Frau so mit ihm rede. Und es ist erst recht normal, dass Frauen wahlweise betrogen, begafft oder begrabscht werden. Plötzlich versteht man, was James Brown meinte, als er „It's a Man's, Man's, Man's World" ins Mikrofon keuchte. Der freie Westen wirkt mit einem Mal so chauvinistisch wie der Nahe Osten.

All jenen Girlies, die Feminismus für „altmodisch" und „überflüssig" halten, sei Mad Men daher nachdrücklich empfohlen – sie werden eine Ahnung bekommen, wogegen Alice Schwarzer eigentlich kämpfte.

▶▶ **Die Welt nach Alice Schwarzer: Helikopterväter (Seite 52)**

▶▶ **Erlebten die Welt vor Alice Schwarzer als Kind: Babyboomer (Seite 15)**

Ausgesaugt von Vampiren

Warum wir den falschen Geschichten lauschen

Früher, als die Welt noch klar und überschaubar war, gab es nur zwei Arten von Lektüre: solche für Kinder und solche für Erwachsene. Kinderliteratur handelte von kleinen wunderlichen Männern, die auf Dächern lebten und fliegen konnten, und von freundlichen Gespenstern, die harmlosen Schabernack trieben. In der Ü18-Literatur hingegen war kein Platz für Fantasiewesen mit übersinnlichen Fähigkeiten. Ob Böll oder Konsalik, stets wurden Menschen aus Fleisch und Blut in Gefühle verwickelt und in Schuld verstrickt. Es war keine besonders angenehme Welt, die dort beschrieben wurde, und dennoch wäre es einem Erwachsenen nie in den Sinn gekommen, nach Feierabend – wenn der Nachwuchs im Bett lag – zu den gesammelten Werken Astrid Lindgrens oder Otfried Preußlers zu greifen. Die Kindheit war vorbei, und damit hatte es sich!

Das änderte sich 1999 mit den „13 ½ Leben des Käpt'n Blaubär" von Walter Moers. Die Figur einer Kindersendung fand sich plötzlich in einem 700-Seiten-Roman wieder, der vor allem Erwachsene begeisterte. Etwa zur gleichen Zeit machte sich ein Jugendlicher namens Harry Potter von England aus auf den Weg, die Welt zu verzaubern. Seine literarische Mutter Joanne K. Rowling kam schon bald mit dem Schreiben nicht mehr hinterher. Erst nach sieben dicken Bänden konnte Harry das Zauberinternat Hogwarts guten Gewissens verlassen. Und auch Moers brachte es (bisher) auf immerhin fünf Schwarten, deren geografisches Zentrum ein Fantasie-Kontinent ist. Um genau zu sein: ein Fantasy-Kontinent.

Nun ist Fantasy kein neues Genre. Jahrzehntelang führte es eine solide Nischenexistenz. Mehr aber auch nicht. Erst seit den späten 90ern hat sich Fantasy zum Massenphänomen entwickelt. Ein Ende ist nicht in Sicht. Die Lücke, die Rowlands Harry Potter hinterließ, wurde umgehend von Stephenie Meyers Vampiren gefüllt. Dass „Bis(s) zum Morgengrauen" von der amerikanischen Fachzeitschrift Publishers Weekly zu einem der besten Kinderbücher des Jahres gekürt wurde, hielt Millionen von Erwachsenen nicht davon ab, das Buch für sich selbst zu kaufen. Auch diesmal blieb es nicht bei einem Band – der Süchtige braucht stetig neuen Stoff.

Und wer nicht lesen will, muss sehen. Längst sind die Harry-Potter-Bücher ebenso verfilmt wie die „Bis(s)"/ „Twilight"-Romane. Mit Erfolg: Allein an den Kinokassen wurden rund 10 Milliarden Dollar eingenommen. Dieser

Ansturm rief die Serienmacher auf den Plan. Acht Staffeln lang bediente der Fernsehsender HBO mit „Game of Thrones" nicht nur die Fantasy-, sondern auch die Mittelalterszene. So schlug man zwei Fliegen mit einer Klappe. Mittlerweile dürften Heerscharen von 20- bis 50-Jährigen zu Experten für übernatürliche Kräfte, fiktive Königreiche, Vampirologie und Dämonologie geworden sein. Doch dieselben Menschen, die im Detail die Stammbäume von „Game of Thrones", den Lebenslauf von Harry Potter und die Liebesgeschichte von Bella und Edward runterbeten können, werden erstaunlich wortkarg, wenn es um die eigene Familienbiografie geht. „Oral History", die mündliche Weitergabe von Alltagsgeschichte, die in anderen Kulturen selbstverständlich ist, findet in Deutschland schon lang nicht mehr statt.

Das begann mit den Urgroßeltern. Diese hatten sich in den Jahren 1933 bis 1945 nicht grad mit Ruhm bekleckert und zogen es daher vor, in der Nachkriegszeit dezent zu schweigen. Doch auch der Wirtschaftswunder-Generation stand nicht der Sinn nach Reden – vielleicht, weil sie sich sonst hätte eingestehen müssen, dass vor lauter Überstunden alles andere auf der Strecke blieb: die Ehe, die Familie, die Freunde. Und die 68er und ihre jüngeren Geschwister aus der Anti-AKW- und Friedensbewegung? Sie hätten viel zu erzählen. Doch die wirklich spannende Geschichte – warum sie alles anders und besser machen wollten und genau das Spießerleben, das sie einst bekämpften, heute selbst führen, quasi dasselbe in Grün – wird man von ihnen nicht zu hören bekommen.

Die Unfähigkeit, offen und selbstkritisch über das eigene Leben zu sprechen, bleibt nicht folgenlos. Denn den Kindern dieser verschwiegenen Eltern, Großeltern und Urgroßeltern wird die vielleicht wichtigste Information vorenthalten: Was es bedeutet, erwachsen zu sein. Warum man sich von Träumen und Hoffnungen verabschiedet hat und Kompromisse eingegangen ist, immer wieder. Keine schönen Geschichten. Aber Geschichten, die es der nachwachsenden Generation leichter machen könnten, selbst erwachsen zu werden. Ohne Illusionen, ohne Selbstbetrug und bitte ohne Harry Potter und Bella.

▶▶ **Ausgesaugt von der Digitalisierung: die Liebe zur Musik (Seite 154)**

▶▶ **Falsche Weihnachten: Christmas-Shows (Seite 152)**

Nach Stefan Raab

Warum das TV total egal geworden ist

Früher war alles anstrengender. Sogar das Fernsehpro-gramm. Zum Feierabend mutete man geräderten Haus-frauen und erschöpften Fabrikarbeitern Politmagazine und gesellschaftskritische Fernsehspiele zu. Unterhaltungs-sendungen gab es nur in wohldosierter Form. Und selbst dann verloren ARD und ZDF ihren öffentlich-rechtli-chen Bildungsauftrag nicht aus den Augen. Bei „Was bin ich?" lernte der Zuschauer die bundesdeutsche Berufswelt kennen. Und bei „Der große Preis" wurde er mit Themen konfrontiert, die garantiert nicht massenkompatibel waren.

Aus heutiger Sicht erscheint es unglaublich, dass bis zu 60 Prozent aller Haushalte eingeschaltet waren, wenn sich Wim Thoelkes Kandidaten zu Spezialgebieten wie Gia-como Puccini oder Georges Simenon im Detail auslassen mussten. Aber es gab ja keine Alternative in den Jahr-zehnten des Staatsfernsehens.

Dann kamen RTL und Sat1, und alles wurde anders. Zwischen dem Ende von „Dalli Dalli" (September 1986) und dem Beginn der Stripshow „Tutti Frutti" lagen nur drei Jahre, aber Welten. Die Zurückhaltung, die ein Hans

Rosenthal an den Tag gelegt hatte, wirkte nun – im einsetzenden Kampf um Marktanteile – seltsam altmodisch. Knallen musste es. Langeweile war Gift für die Quoten. Programmmacher beschäftigte nur noch eine Frage: Wie kann man den Zuschauer am Wegzappen hindern?

Darauf gab es keine Lehrbuchantworten. Kein Schema F, nach dem man hätte vorgehen können. Also blieb nur Ausprobieren. Immer wieder Pionier sein. Einen Kindergeburtstag unter Erwachsenen nachspielen („Alles Nichts Oder?!"), eine Talkshow in eine Brüllerei ausarten lassen („Der heiße Stuhl"), Heimatfilmkitsch neu zelebrieren („Ein Schloss am Wörthersee"). Das war oft albern, gelegentlich dämlich, aber immer überraschend.

Denn Sendungen wie „Dall-As" oder „RTL Samstag Nacht" hatte es bis dato im deutschen Fernsehen nicht gegeben. Improvisiert, überdreht, boshaft. Da verließ ein Roland Kaiser beleidigt die Sendung, weil Karl Dall ihn von der Seite anmachte: „Na, sing schon mal, damit wir es hinter uns haben!" Die übertriebene Rücksichtnahme, das Nirgendwo-anecken-Wollen der Öffentlich-Rechtlichen – all das gab es im Privatfernsehen nicht.

Kein Wunder, dass schließlich auch Harald Schmidt die Seiten wechselte. Nachdem er „Verstehen Sie Spaß?" erfolgreich versenkt hatte – mit seinem Sarkasmus war das brave, an Paola und Kurt Felix gewöhnte Publikum heillos überfordert –, ging er 1995 zu Sat1 und tobte sich jahrelang in der „Harald Schmidt Show" aus.

Noch doller trieb es Stefan Raab, der das Fernsehen als Spieleparadies für große Jungs verstand und einfach das tat, worauf er Lust hatte: mit einem Stockcar Rennen fahren, Sprüche klopfen, Lieder singen, Nächte durchpokern, auf einem Wok die Eisbahn runterrutschen, sich im Duell messen, vom Zehner springen, Leute veräppeln. Kurz vor seinem 50sten Geburtstag beendete Raab die Party und zog sich zurück.

Doch auch das Privatfernsehen ist älter geworden. Längst liegt die wüste Pubertät Jahre zurück. Die Keckheit des Underdogs, der den Etablierten eine lange Nase zeigte, ist Verzagtheit gewichen. Aus dem Angreifer ist ein Verteidiger geworden, der Marktanteile und Werbeinnahmen zu retten sucht. Nicht nur das Internet und Hunderte von Kabelkanälen setzen den großen Sendern zu. Immer weniger Zuschauer wollen sich von Programmmachern diktieren lassen, wann sie die Glotze einzuschalten haben. Wer gezielt fernsehen will, bedient sich anderwärtig. Streamingdienste und Bezahlsender profitieren vom Wunsch nach zeitlicher Flexibilität. Und der echte Fan wartet ohnehin nicht, bis die nächste Staffel seiner US-Lieblingsserie ihre Premiere im „Free TV" erlebt, sondern bestellt sie Monate vorher online.

Allenfalls bei Fußballweltmeisterschaften und ritualisierten Sendungen (der „Tatort" am Sonntagabend) funktioniert Fernsehen noch als Massenereignis – Rudelkucken ist Teil der modernen Eventkultur. Doch das ist die Ausnahme. Die meiste Zeit ist Fernsehen gesellschaftlich unwichtig geworden. Keiner muss mehr Jauch oder Lanz schauen, um am Arbeitsplatz mitreden zu können. Fernsehen ist zur bebilderten Fahrstuhlmusik geworden. Es läuft im Hintergrund mit, stört nicht besonders, und wenn man aussteigt, hat man es sofort vergessen. Und Stefan Raab? Der zeigte sich nach zwei Jahren Abstinenz wieder der Öffentlichkeit. In einer Mehrzweckhalle, nicht im Fernsehen.

▶▶ **Wenn die Wahrheit stirbt (Seite 116)**

▶▶ **Wenn Städte sterben (Seite 32)**

Leben, vorherbestimmt

Ist Scheitern Kopfsache?

Warum Selbstbestimmung eine Illusion ist

William Shakespeare ist an allem schuld. Jener Stücke-schreiber, der von seinen Zeitgenossen sicher nicht als an-gestaubter Klassiker wahrgenommen wurde, sondern eher als eine Art Steven Spielberg der Renaissance. Also als unterhaltsamer Geschichtenerzähler, der die Grundregel des Entertainments beherrschte: „Drama, Baby, Drama!"

Diesen Appell haben nicht nur die Theatermacher, die ihm folgten, beherzigt, sondern auch Hollywood. Ja, selbst die Zeilenschinder der Vorabendserien haben ihren Shakes-peare verinnerlicht. „Verbotene Liebe" mag sich zu „Romeo und Julia" verhalten wie Schaumwein zu Champagner, doch das Prinzip ist das Gleiche: Immer wieder stellen dramati-sche Geschehnisse das Leben der Akteure auf den Kopf.

Dass es anders sein könnte, gradliniger und weniger wechselvoll, dieser Gedanke kommt uns, die wir seit Kind-heitstagen mit Filmen und Serien gemästet werden, nicht. Längst wimmelt es auch im realen Leben von „Drama-Queens", von Menschen, die jedes Lebensereignis als Grand-Canyon-tiefen Einschnitt zelebrieren – selbst wenn es nur ein abgebrochener Fingernagel ist.

Allein schon deshalb ist Uwe Kopfs Roman „Die elf Gehirne der Seidenspinnerraupe" eine Wohltat. Sogar dann, wenn himmelschreiende Dinge passieren, lässt er die Engelsposaunen schweigen. Ihm genügt es, die kleinen und großen Wendungen des Lebens nüchtern zu beschreiben; man muss sie nicht auch noch dramatisieren. Kopfs Sprache kommt praktisch ohne emotionsgeladene Adjektive aus. Er kann sich dies erlauben, weil sein Roman mit einem Paukenschlag beginnt: „Bevor sich dieser 40-jährige Junge nach Art der Greise erhängen wird ..." Eine Seite später ist von einem „Bilanzselbstmord" die Rede. Damit ist die Richtung vorgegeben: Hier wird der Saldo eines Lebens ermittelt, werden Siege und Glücksmomente mit Niederlagen und Demütigungen verrechnet – und unterm Strich ist der Hauptakteur so tief in den Miesen, dass er den Freitod wählt.

Der Hauptakteur, das ist Uwe Kopfs Bruder. 17 Jahre hat der Autor gebraucht, um das Unfassbare in Worte zu fassen. Er tat dies in Form von zahlreichen Mails an seinen Lektor Stephan Timm, in denen er Geschichten aus dem Leben seines Bruders niederschrieb, von der nicht ganz so behüteten Kindheit in den 60ern bis zum Suizid in den späten 90ern. Es sind Episoden, die für sich genommen nicht viel bedeuten mögen. Scheinbar willkürlich geschieht Schönes und Schreckliches, wechseln Hoffnung und Verzweiflung einander ab. Immer wieder gibt es Situationen und Stationen, an denen der Leser – wüsste er's nicht besser – hollywoodmäßig denkt: „Jetzt wird doch noch alles gut!".

Doch am Ende fügen sich all diese unterschiedlichen Momentaufnahmen zu einem Bild, das in sich stimmig ist. Grausam stimmig. Als wäre alles absehbar gewesen. Unausweichlich. Und das ist dann der Punkt, an dem man erschreckt innehält. Wie damals beim 20-jährigen Abitreffen, als man feststellte, dass die Altersgenossen nur älter geworden waren, nicht aber anders. Große Kinder mit Falten. Und vielleicht liegt genau darin das eigentliche Drama: dass jeder in dem Drama seines Kopfes gefangen ist. Man müsste, würde, sollte so viel ändern – und ist mental blockiert. Und deshalb bleibt alles beim Alten. Die Dinge nehmen unaufhaltsam ihren Lauf; es gibt kein Entrinnen.

So wie in Uwe Kopfs Leben auch. Der Mann, der in den 90ern als Textchef der Zeitschrift „Tempo" die Sprache einer ganzen Schreibergeneration prägte, starb drei Monate vor der Veröffentlichung seines ersten und damit auch letzten Romans. Wenn das keine Tragödie ist!

▶▶ **Leben voller Schicksalsschläge:**
George Michael (Seite 49)

▶▶ **Schicksalshafte Begegnung: Bettina Körner**
und Christian Wulff (Seite 159)

Wir Trendtrottel

Warum unser Geschmack immer seltsamer wird

Es ist noch gar nicht so lange her, da hätte man guten Gewissens behaupten können: Die Ukulele hat ein Imageproblem. Sie sieht aus wie eine Schrumpfgitarre für Kleinkinder. Keith Richards mit Ukulele? Undenkbar. Wer sich damit an die Öffentlichkeit wagte, waren Blödelsänger wie Nico Haak („Schmidtchen Schleicher") oder Spötter wie Stefan Raab. Wenn Raab seine Gäste auf der Ukulele begleitete, dann ging es nicht um musikalischen Hochgenuss, sondern um Klamauk.

Das ist jetzt anders. Mit The Ukulele Orchestra of Great Britain, The United Kingdom Ukulele Orchestra und den schottischen The Dukes of Ukes machen gleich drei Zupfensembles das europäische Festland unsicher – Tendenz steigend.

Aus Exotenmusik ist ein Massenphänomen geworden. Wer wissen will, wie es so weit kommen konnte, muss ins Jahr 1990 zurückgehen: Im Rahmen der Fußball-WM in Italien sangen drei Tenöre ein Potpourri aus Arien, Broadway-Melodien und Popsongs. Die Opernpuristen waren entsetzt. Doch der künstlerische Ausverkauf bedeutete in kommerzieller Hinsicht: „Ausverkauft!" Menschen, die sich nie in die Oper gewagt hätten, strömten zu Pavarotti, Carreras und Domingo wie sonst nur zu Rockkonzerten.

Und der Erfolg brachte Nachahmer hervor. Aller guten Dinge waren nicht mehr drei, sondern erst fünf, dann zehn und irgendwann zwölf Tenöre. Schließlich lag die Messlatte bei 101 – was den Dalmatinern recht ist, ist den Tenören billig.

Das Spiel wiederholte sich einige Jahre später. Diesmal sollte der Stepptanz dran glauben. Das Erfolgsrezept war das Gleiche wie bei der Tenorschwemme: Man nehme ein verstaubtes Randgenre, peppe und pimpe es auf und präsentiere es, statt in altehrwürdigen Theatern, in Hightech-Arenen. Mit Michael Flatleys Lord of the Dance wurde aus Fred Astaires betulichem Schuhgeklapper Las-Vegas-tauglicher Bombast. Erneut zogen andere nach. Im Fahrwasser von Lord of the Dance erreichten auch Magic/Rhythm/Night/Flames of the Dance (und diverse andere Kopien) ihr Publikum.

Die Nachahmer sind keine Schmarotzer. Im Gegenteil. Sie kurbeln die allgemeine Nachfrage an. Mit jedem Tenorensemble, jeder Stepptanzformation, jedem Ukulelenorchester wächst das Interesse der Medien am einstigen Minderheitenprogramm. Erst durch das Überangebot an vergleichbaren Künstlern entsteht der Eindruck, es handle sich um einen Trend, um das „neue große Ding", das demnächst „einschlagen" werde.

Seien wir also gespannt, welche Sau als Nächstes durchs Dorf getrieben wird. Denn es gibt genug Nischen, die ihrer Entdeckung harren. Was halten Sie eigentlich von Jodeln?

►► **Auch exotisch: Bossa Nova (Seite 23)**

►► **Skurril feiern: Eventdinner (Seite 61)**

Ludwig Erhard 4.0

Warum Vietnam triumphiert

Sie haben alles versucht. Sie haben das Land mit einem Bombenteppich überzogen. Sie haben Dorf um Dorf mit Napalm abgeflammt. Sie haben ganze Wälder mit dem hochgiftigen Entlaubungsmittel Agent Orange vernichtet. Und sie haben geballert, was das Automatik-Gewehr hergab; auf jeden Toten kamen 50.000 Schuss Munition. Es hat alles nichts genutzt. 1973 kapitulierten die Amerikaner vor den kommunistischen Vietnamesen, den Vietkong, und zogen ihre Truppen aus Südvietnam ab. Zwei Jahre später überrollte der kommunistische Norden den zerfallenden Süden.

Einer, der darüber einiges zu berichten weiß, ist Phuoc Huu Huynh, Besitzer einer Kochschule in der Weltkulturerbe-Stadt Hoi An, einer Art fernöstlichem Bernkastel-Kues. Denn Phuoc sitzt direkt an der Quelle. Dutzende Male hat er die Geschichte seines Großvaters, eines Vietkong-Kämpfers der ersten Stunde, schon gehört. Wie sie sich tagsüber unter der Erde versteckten, in einem weitverzweigten Tunnelsystem, das teilweise unter den US-Stützpunkten verlief. Und wie sie dann in der Dunkelheit zuschlugen und dabei ihr Leben riskierten.

Doch Phuoc möchte nicht über den Krieg reden. „Wir dürfen nicht zurückschauen, sondern müssen das Vietnam der Zukunft aufbauen." Wobei „aufbauen" sich nicht auf Kriegsschäden bezieht. Dort, wo einst Napalmbomben und Agent Orange Urwälder in Steppen verwandelten, stehen längst wieder üppige Forste – dem schnell wachsenden Eukalyptusbaum sei Dank. Und die einzigen Ruinen, die es zu besichtigen gibt, sind die Tempelanlagen der Cham in My Son, die 1.000 Jahre Geschichte recht gut überstanden hatten, bis die US-Armee sie 1969 binnen zwei Tagen plattbombte – es ist leicht, in Vietnam zum Antiamerikaner zu werden. Erst recht nach einem Besuch des Museums für Kriegsrelikte in Saigon (offiziell: Ho-Chi-Minh-Stadt). Wer mit den Nachbauten der Foltergefängnisse und den Fotos missgebildeter Kinder – Spätfolge des dioxinhaltigen Agent Orange – konfrontiert wird, findet Hollywoods im Selbstmitleid absaufende Vietnamepen nur noch abgeschmackt.

Grund für Groll gäbe es also genug. Doch die Vietnamesen haben ein entspanntes Verhältnis zu ihrer Geschichte. Selbst die fehlende Demokratie scheint sie nicht sonderlich zu stören. Seit 1975 regiert in ganz Vietnam die kommunistische Partei. Doch während in Osteuropa die herrschenden Politbüros 1989 allesamt weggefegt wurden, legte man in Vietnam – ähnlich wie in China – rechtzeitig den Hebel um. Die kommunistische Partei erfand sich und den Sozialismus 1986 einfach neu. Von einem

Tag auf den andern schwor man der marxistisch-leninistischen Ideologie – Verstaatlichung, Kollektivierung, Zentralisierung – ab und singt seitdem das Hohelied der Marktwirtschaft. Gut ist, was privat ist. Ludwig Erhard wäre stolz.

Es ist schon paradox: Ein Staat, der sich sozialistisch nennt, ist kapitalistischer und weniger sozial als die meisten Staaten Europas. Und der Erfolg gibt diesen seltsamen Kommunisten recht. Vor 20 Jahren fuhren alle Vietnamesen Fahrrad, heute ist es ein Motorroller, in 20 Jahren wird es ein Auto sein. Neureiche lassen sich schon jetzt für anderthalb Millionen Dollar einen Mercedes-Maybach einfliegen. Dazu kommt noch mal die gleiche Summe als Luxussteuer. Egal! Ein ausgeprägter Geschäftssinn ist das, was praktisch alle Vietnamesen – von der Ramschverkäuferin am Straßenrand bis zum IT-Unternehmer – antreibt. An jeder Ecke von Saigon, dem wirtschaftlichen Herz Vietnams, entstehen neue Bürotürme, einer prächtiger und höher als der andere. Das klimatische Vorurteil, je weiter man nach Süden gehe, desto mehr nähme die Arbeitsmoral ab, wird im subtropischen Saigon täglich widerlegt.

Es herrscht hier eine Arbeitswut wie im Westdeutschland der 50er Jahre. Und ein Optimismus, wie er uns krisengebeutelten Europäern schon lange abgeht. Phuoc ist sich sicher, dass es für seine Kochschule und für Vietnam nur nach oben gehen kann. Warum sollte er auch zweifeln?

Ein Land, das eine Weltmacht in die Flucht geschlagen
hat, braucht die Scharmützel des Wirtschaftslebens nicht
zu fürchten.

▶▶ **Die Generation der Ludwig-Erhard-Jahre**
    (Seite 15)

▶▶ **Als der Kommunismus noch kommunistisch**
    war (Seite 167)

Der kleine Vietnamtest

Welcher Verstoß ist auf diesem Bild zu erkennen?

a) Bei dem Handy handelt es sich um ein illegales Plagiat.

b) Die transportierten Tiere wurden nicht auf BSE unter-
   sucht.

c) Der Kindersitz ist vor dem Scheinwerfer montiert.

d) Der Erwachsene stört das Kind beim Lenken.

e) Keiner, der Verkehrsteilnehmer verhält sich in jeder
   Hinsicht vietnamkonform.

Der Star – ein armes Würstchen

Warum BUNTE, GALA und Co. den Promikult ruinieren

Archibald Alexander Leach war ein Scheusal ersten Ranges. Exfrauen, die sich wegen seelischer Grausamkeit von ihm scheiden ließen, gaben vor Gericht zu Protokoll, er habe sie geschlagen, neige zur Tobsucht, trinke zu viel und sei meist mürrisch und missmutig. Dieser rundum unsympathische Herr Leach hatte wenig gemein mit dem sanftmütigen Gentleman Cary Grant. Und doch waren beide dieselbe Person. Nur bekam die Öffentlichkeit von der unschönen Seite ihres Stars praktisch nichts mit. Wenn Cary Grant selbstironisch anmerkte, „Jeder will Cary Grant sein, sogar ich", steckte dahinter die Einsicht, dass sein Image alles überdeckte. Wen interessierte die Wirklichkeit, wenn das Abbild derart attraktiv war!

Heute wäre eine solche Fassadenmalerei undenkbar. Seitdem eine ganze Industrie davon lebt, die Intimsphäre von Stars öffentlich zu machen, ist Mythenbildung unmöglich geworden. Das freut BUNTE und GALA, EXCLU-

SIV und BRISANT – und ärgert Kinogänger und Musikhörer. Denn Populärkultur lebt von der Illusion, in eine andere Welt einzutauchen. Wenn Robert De Niro den Abstieg eines Boxers glaubhaft darzustellen vermochte, dann lag dies nicht nur an seiner Schauspielkunst. Das Ganze funktionierte auch deshalb, weil über sein Privatleben nur wenig bekannt war. Der Zuschauer ging unvorbelastet ins Kino; er war bereit zu akzeptieren, dass De Niro ein gestörter Taxifahrer, ein erfolgloser Komiker oder der Leibhaftige persönlich sein konnte. Stars wie De Niro waren leere Flächen, auf die man alles projizieren konnte.

Davon können heutige Stars nur träumen. Angelina Jolie war mal eine unbekannte Schauspielerin, die für „Durchgeknallt" einen Oscar gewann. Und sie war die Frau, die aus der Computerspielfigur Lara Croft einen weiblichen Indiana Jones machte. Heute ist Angelina Jolie nur noch Teil von „Brangelina" und ein Kinderjunkie, dessen Adoptionssucht ziemlich durchgeknallt wirkt. Auch Brad Pitt, der andere Teil von „Brangelina", wird weniger als seriöser Schauspieler denn als Darsteller einer Dokusoap wahrgenommen, in der Jennifer Aniston – überzeugend schmollend – den Part der Sitzengelassenen verkörpert.

Was für die Filmbranche gilt, trifft auch auf die Musikbranche zu. Der Weg in die Schlagzeilen führt über die Klatschpresse. Was die Medien interessiert, sind nicht kreative Höhenflüge, sondern private Abstürze. Manchmal reichen auch Gerüchte, um einen Künstler zu erledigen.

Doch die Opfer sind nicht nur die Stars, die plötzlich als Sonderling oder Charakterschwein dastehen, sondern auch wir, die Zuhörer und Zuschauer. Wer einmal – den Paparazzi sei Dank – Einblicke in Michael Jacksons Neverland-Ranch erhalten hatte, konnte danach nicht mehr unbefangen „Thriller" hören.

Und dass „The Tourist", der erste Hollywoodfilm von Florian Henckel von Donnersmarck, am ersten Wochenende nur rund 200.000 Besucher anlockte, liegt auch an Angelina Jolie. Wir wissen zu viel über ihr Leben, als dass wir ihr die Filmrollen noch glauben würden. Die Illusionsmaschine funktioniert nicht mehr. Das Wesen auf der Leinwand, das ist keine geheimnisvolle Agentin, sondern die Frau, die mit Brad Pitt verheiratet war. Nachzulesen in BUNTE.

▶▶ **Der Mann – ein armes Würstchen (Seite 20)**

▶▶ **Als es mit den Stars bergab ging: die 00er Jahre (Seite 46)**

Robbie unser!

Warum ein Boygroup-Sänger unser Leitstern war

Das war damals. Als Robbie Williams sich für keine Eselei zu schade war. Als er jeden Fettnapf beherzt mitnahm. Als er so vieles falsch machte und deshalb alles richtig. Denn wer vom Leben erzählen will, muss erst mal was erlebt haben.

Und das tat Robbie ausgiebig. Mag schon sein, dass er mehr erlebte als unsereins, die wir seine Lieder liebten. Sicher hatten Drogen und Groupies für ihn einen anderen Stellenwert als für uns, die wir schon froh waren, wenn das Bier seine Wirkung tat und die Freundin keine Migräne geltend machte. Aber dennoch verstanden wir ihn. Ihm wie uns fehlte etwas. Wir hätten dieses „etwas" nicht benennen können. Aber Robbie konnte es. Oder zumindest Guy Chambers, mit dem er seine Songs schrieb und der Robbies Gefühlsknäuel entwirrte und daraus griffige Parolen strickte.

„Wo wir auch hinkommen, sind wir zu spät dran. Oft denke ich, wir sind zum Hassen geboren. Wach auf, und sieh den Sarkasmus in meinen Augen." („When we come we always come to late. I often think that we were born to hate. Get up and see the sarcasm in my eyes", aus: „Millennium").

„Alle einsamen Herzen Londons sind ausgeflogen. Die besten Frauen sind alle verheiratet, und die hübschen Männer alle schwul. Du fühlst dich ausgestoßen." („All the lonely hearts in London caught a plane and flew away. And all the best women are married, all the handsome men are gay. You feel deprived", aus: „Supreme").

„Ich bin mir nicht sicher, ob ich die Rolle verstehe, die mir zugewiesen wurde. Ich sitze hier und spreche mit Gott, und er lacht nur über meine Pläne. Mein Kopf spricht eine Sprache, die ich nicht verstehe." („Not sure I understand this role I've been given. I sit and talk to God, and he just laughs at my plans. My head speaks a language I don't understand" (aus: „Feel").

Das alles klingt nach einem Fall für den Therapeuten. Und doch machten wir uns um Robbie nie ernsthaft Sorgen. Denn wir kannten ja auch seine andere Seite, die helle. Wenn er sich in Schale schmiss und mit einer Big Band die Royal Albert Hall rockte – der begnadete Entertainer, einzig würdiger Nachfolger von Frank Sinatra. Wenn er sich einen Spaß daraus machte, alle auf die Schippe zu nehmen, sich selbst am meisten. Wenn er Dinge einfach tat. Die Welt als große Spielwiese nahm, auf der er sich nach Herzenslust austobte. Dann konnte es vorkommen, dass er allein eine komplette Fußballmannschaft bildete (auf dem

Cover und im Booklet von „Sing When You're Winning"), oder dass er in die Rolle des Formel-1-Fahrers Jackie Stewart schlüpfte (im Video zu „Supreme"). Dafür liebten wir ihn. Ihn, das große Kind.

In seiner Mischung aus Zerrissenheit und Traute, aus Selbstmitleid und Größenwahn, aus Verzweiflung und Lebensgier war er die ideale Identifikationsfigur für eine Generation, die gern gewusst hätte, wo sie hingehört. Die die Welt, mit der sie konfrontiert wurde, ebenso wenig verstand wie Robbie. Und die versuchte, irgendwie das Beste draus zu machen.

Das war damals. Heute – so scheint es – hat Robbie seine Dämonen besiegt. Er wirkt ruhig und ausgeglichen. Seine Musik ist komplett uninteressant geworden.

▶▶ **Das Ende der Rockstars (Seite 136)**

▶▶ **Das Ende der Liebe zur Musik (Seite 154)**

Mörderisches Leben

Ende der Gemütlichkeit

Warum die Krimiserie Tatort einem Angst bereiten kann

Die heile Welt des deutschen Fernsehkrimis endete am 21. April 2002, ein gutes halbes Jahr nach dem Anschlag aufs World Trade Center. Bis dahin waren Kommissare gelassen oder verbissen, leutselig oder verschlossen, nassforsch oder bedächtig gewesen, aber immer halbwegs normal und psychisch stabil. Dann betrat Charlotte Sänger (Andrea Sawatzki) den Tatort. Eine Oberkommissarin, die so verstört wirkte, als habe sie den Einsturz der New Yorker Zwillingstürme am eigenen Leib miterlebt.

Und das war erst der Anfang. Mit den Hauptkommissaren Borowski (Axel Milberg), Keppler (Martin Wuttke), Steier (Joachim Król) und Brix (Wolfram Koch) folgten im Laufe der Jahre weitere Ermittler, die nicht nur mit Verbrechern, sondern auch mit den eigenen Dämonen zu kämpfen haben – das Unterbewusstsein kann grausamer sein als die Unterwelt. Sie alle sind seelisch verkorkst und verhaltensauffällig. Maßstäbe in dieser Hinsicht setzt das Tatort-Team aus Dortmund. Hauptkommissar Faber (Jörg Hartmann) ist hochgradig traumatisiert und jederzeit fähig zu Kurzschlusshandlungen. Und Hauptkommissarin Bönisch (Anna Schudt) gebührt die zweifelhafte Ehre, die erste Ermittlerin zu sein, die ihren Stress bei Callboys abbaut.

Doch es sind nicht nur die Ermittler, die sich verändert haben. Wer Tatort-Folgen der 80er und 90er Jahre sieht, der staunt, wie betulich und heimelig es einst in der Welt des Verbrechens zuging – als habe man den „Drombuschs" eine Leiche untergejubelt, um die Handlung ein wenig aufzupeppen. Selbst wenn mal (wie in dem Klassiker „Frau Bu lacht") ein Thema wie Kindesmissbrauch verhandelt wurde, konnte man gewiss sein, dass die bleierne Kost durch eingestreute Komik an Schwere verlor. Spätestens im versöhnlichen Abschluss signalisierte der zufriedene Kommissar: Alles halb so wild!

Damit war der Tatort ein Spiegelbild der deutschen Politik. Denn auch dort galt die Dschungelbuch-Devise: „Probier's mal mit Gemütlichkeit!" Mauern mochten einstürzen, Grenzen verschwinden – kein Grund, in Hektik zu verfallen! Was Kanzler Kohl ebenso wenig tat wie die Kommissare jener Jahre: Brockmöller, Stoever, Brinkmann, Ehrlicher und Bienzle. Und selbst die damals noch jungen Wilden Batic und Leitmayr fanden stets die Muße zu einem Bier oder Flirt. Der konnte dann auch schon mal (wie im „Glockenbachgeheimnis") mit einer Mörderin sein, die aber eigentlich total nett war, wie Iris Berben halt!

Im heutigen Tatort sind Mörder nur noch selten sympathisch. Dies gilt natürlich für verrohte Bandenmitglieder, die ihren Sadismus ausleben. Aber eben auch für den vermeintlichen Normalbürger. Herr und Frau Mustermann wirken verbittert, frustriert, getrieben – was lange gärt, wird endlich Mord. Bevor Sie in die Rolle des Täters schlüpfen, sind sie längst Opfer der eigenen, viel zu hohen Ansprüche geworden. Sie verzweifeln darüber, dass sie unentwegt To-do-Listen abarbeiten und dennoch nicht ans Ziel kommen. Sie zerbrechen daran, dass sich zwischen ihren Wünschen und der Wirklichkeit ein Abgrund auftut. Sie verlieren die Nerven, weil der eigene Perfektionswahn immer wieder mit dem unperfekten Leben kollidiert.

Ist natürlich alles nur Film ... Und dann auch wieder nicht. Denn der Tatort hatte stets den Anspruch, deutschen Alltag abzubilden. Was ihm oft auch gelang. Beim Betrachten alter Folgen erkennt man dieses Land und seine Leute erstaunlich gut wieder – ja, so waren sie, die 70er, 80er und 90er! Wenn also das, was seit den 00er Jahren sonntagabendlich über den Bildschirm flackert, ein halbwegs realistisches Bild des heutigen Deutschlands ist, tja, dann ist es vielleicht an der Zeit, sich Gedanken zu machen über den Musterknaben Europas.

▶▶ **Als der Tatort noch gemütlich war: die 90er Jahre (Seite 177)**

▶▶ **Als die heile Welt noch heil war: der Schlager (Seite 170)**

Leben als Scheitern

Als die Gegenwart neu war

Warum die Mad Men zur Aufklärung beitragen (Staffel 5: 1966/1967)

Der Neid packt einen unvermittelt. Es geschieht in jenem Augenblick, als unser Serienheld, der charismatische Agenturchef Don Draper, ein Beatles-Album auf den Plattenteller legt. Doch dann ertönt eben nicht ein Schlager wie „I want to hold your hand" oder „Yesterday", sondern „Tomorrow never knows". Ein Song, bei dem Drogen im Spiel gewesen sein MÜSSEN. Plötzlich begreift man, dass es mal eine Zeit gab, in der die Beatles nicht als Evergreen-Fabrikanten galten, sondern als die aufregendste Band der Welt – und dass man dies gern erlebt hätte.

Willkommen in der Gegenwart. Wir schreiben die Jahre 1966, 1967. Nicht nur die Beatles entdecken gerade, dass die Welt nicht in einem Vorstadtvorgarten endet, sondern irgendwo im fernen Indien oder noch weiter weg: in den Paralleluniversen von Marihuana und LSD. Und wo Drogen sind, ist der Sex nicht fern. Da trifft es sich gut, dass es jetzt überall die Pille gibt, was die Vereinigung vereinfacht.

Die Party kann beginnen. Zumal endlich das nötige Kleingeld vorhanden ist. In den 60ern erlebt Amerika die längste ununterbrochene Boomphase seiner Geschichte. Binnen eines Jahrzehnts steigt das durchschnittliche Realeinkommen um 50 Prozent.

Selbst jene, die kein Geld haben, verfallen nicht der Depression. „I have a dream" hat ein gewisser Martin Luther King 1963 ausgerufen. Und viele, die den gleichen Traum haben – den von einer freieren und gerechteren Welt –, werden aktiv. Wobei Freiheit unterschiedlich interpretiert wird. Die einen gehen auf die Straße, die anderen fremd.

Zum ersten Mal in der Geschichte hat eine breite Gesellschaftsschicht die Möglichkeit, sich selbst zu verwirklichen. Zwar wird nach außen die Fassade aufrechterhalten, doch dahinter fängt das wilde Leben an. Genau diesen Moment des Umbruchs hält die fünfte Staffel von Mad Men fest.

Sie zeigt, wie Menschen aus ihrem Trott ausbrechen. Der Firmenchef verlässt nach einem LSD-Trip seine Frau. Die Werbetexterin gibt ihren Job auf, um Schauspielerin zu werden. Die Vorstadtgattin entdeckt Spontansex mit Fremden.

Natürlich wissen wir, die wir in den 10er Jahren eines neuen Jahrhunderts leben, wie das Ganze enden wird: in einem üblen Kater. Denn Freiheit ist auch die Freiheit zu scheitern. Mehr darüber in Staffel 6.

▶▶ **Aufregende Gegenwart: Vietnam (Seite 93)**

▶▶ **Neues Leben: der schwangere Mann (Seite 164)**

Das verlorene Jahrzehnt

Warum die 80er zu Unrecht abgefeiert werden

Irgendwas muss schiefgelaufen sein in der Gegenwart: Depeche Mode beschallen immer noch die Großraumhallen der Welt, Michael Jackson verkauft als Toter mehr Alben als die meisten Lebenden, und unlängst ist die gefühlte 17. Best-of-Zusammenstellung von Frankie Goes To Hollywood erschienen – bemerkenswert für eine Band, die nur zwei reguläre Platten veröffentlicht hat.

Sagte ich „Platten"? Es muss natürlich CDs heißen. Zu den technischen Neuerungen, die uns die 80er brachten, gehören auch jene kleinen Scheiben, die Musikredakteure seinerzeit gern als „Silberlinge" bezeichneten – ein gewagter Begriff für ein Produkt, dessen Herstellungskosten bei unter 10 Cent liegen, und dennoch passend zu einem Jahrzehnt, das um große hohle Worte nie verlegen war.

Dafür sorgten schon die Wanderprediger der Sekten BAP und U2, Wolfgang Niedecken und Bono Vox. Junge Menschen, die sich von den Amtskirchen abgewandt hatten, suchten ihr Heil bei selbsternannten Messiassen, die zwar kein Wasser in Wein verwandeln konnten, aber Phrasen in Gold.

Bloß verkündeten Bono und Niedecken keine frohe Botschaft, sondern die Apokalypse. Wenn nicht grad wieder „Bloody Sunday" oder „Kristallnaach" drohte, herrschte die Sinnkrise. Das Leben als Jammertal. Die Passionsgeschichte, neu interpretiert von Wolle Niedecken. Keiner konnte so allumfassend leiden wie er, von A wie Afrika (Hunger) bis Z wie Zerrüttung (Beziehung). Der Anlass war dabei beliebig. Ob „Nackt im Wind"-Benefizsong oder „Anti-WAAhnsinns-Festival" in Wackersdorf – es gab immer eine Gelegenheit, die Schlechtigkeit der Welt anzuprangern. Was dabei auf der Strecke blieb, war der Spaß. Die Lebensfreude. Die Unbeschwertheit.

Und es sollte noch schlimmer kommen: Vernichtung drohte nicht nur in Tschernobyl, sondern auch in fremden Betten. Mit dem Aufkommen von Aids hörte das Liebesspiel auf, ein Spiel zu sein. Der kleine Tod konnte den großen nach sich ziehen. Spätestens, wenn Fragen wie „Kann man vom Küssen Aids kriegen?" öffentlich diskutiert wurden, erhielten verunsicherte Jugendliche den ultimativen Angstkick.

Denn das war die eigentliche Seuche jener Jahre: Angst. In den 60ern konnte man unschuldig rebellieren, in den 70ern unschuldig kopulieren. In den 80ern war es unmöglich geworden, unschuldig zu agieren. Ganz gleich, ob es um den Umgang mit Rohstoffen ging oder den mit

Geschlechtspartnern – mit einem Mal hatte jedes Fehlverhalten üble Konsequenzen.

Selbst ein harmloses Biergartenbesäufnis musste mit dem Tod zigtausender Gehirnzellen bezahlt werden. Nichts blieb folgenlos. Und gutmeinende Menschen, wie Journalisten mit Enthüllungs-, Mediziner mit Aufklärungs- und Pädagogen mit Weltverbesserungsanspruch, wurden nicht müde, einen überall und ständig daran zu erinnern.

So wurde eine ganze Generation zum Opfer der Informationsflut. Wir, die Kinder der 80er, wussten alles und kapierten nichts. Vor lauter Fakten verloren wir den Überblick. Wir lernten für die Schule, aber nicht fürs Leben. Wir gingen zur Uni, aber ohne Plan und ohne Ziel (weshalb jeder Dritte von uns das Studium abbrach). Anstatt uns auf das Leben einzulassen, simulierten wir es nur.

Weil auch die 80er nur eine Simulation waren. Die einen täuschten Musik vor (Modern Talking, Milli Vanilli), die anderen Regiekunst (Adrian Lyne, Tony Scott, Alan Parker). Es ist kein Zufall, dass die prägenden Filme jenes Jahrzehnts – „Flashdance", „Top Gun", „Neuneinhalb Wochen", „Angel Heart", „Eine verhängnisvolle Affäre" – von Werbefilmern stammen. Von Leuten, die wissen, wie man Oberflächen so zum Glitzern bringt, dass keiner mehr drauf achtet, was sich darunter abspielt.

Dort nämlich gärte es, gab es Menschen, die beides satthatten – die Penetranz der Oberlehrer wie den Zynismus der Verkäufer – und die nur auf einen Impuls warteten, um loszulegen. Doch das ist eine andere Geschichte. Die der 90er.

▶▶ **Das verworrene Jahrzehnt: Die 90er (Seite 177)**

▶▶ **Der Mann der 80er: Heiner Geißler (Seite 167)**

Die Grenzen der Lockerheit

Warum die Geschichte des Christian von Boetticher ziemlich traurig ist

Natürlich hat alles ganz unverfänglich angefangen. Er wird einen Gruß hinterlassen haben, und sie hat zurückgegrüßt. Oder umgekehrt. Bei Facebook, dort, wo alle Freunde sind und es so locker-flockig zugeht, dass man nicht merkt, wenn es ernst wird.

Er, der 39-Jährige, wird sich nichts dabei gedacht haben. Ein Mailkontakt mit einer 16-Jährigen in einem sozialen Netzwerk, was ist schon dabei? Er hat es als nett empfunden, eine willkommene Ablenkung zu seinem oft ermüdenden Alltag als Berufspolitiker. Einfach mal losplaudern, ohne Redemanuskript und ohne Berater, der einem sagt, wie welche Aussage in der Öffentlichkeit rüberkommt.

Und sie hat geantwortet. Immer wieder. Nach und nach haben sich beide in Rage geschrieben. Mit unbedachten Worten einander hochgeschaukelt. Und irgendwann, da hat er sich dabei ertappt, dass er auf ihre Mails wartete.

Sich wie ein verliebter Teenager freute. Und so wird sich das auch angefühlt haben, als er mit ihr im Hotel landete. Nicht wie eine Affäre, sondern wie „schlichtweg Liebe". Etwas, das nach zahllosen schriftlichen Bekundungen und Schwüren einfach passieren musste. Danach hat er mit ihr Händchen gehalten, und alles war gut.

Erst später, nachdem der erste Rausch verflogen war, kamen die Skrupel. Die Angst um sein anderes Leben, um seine Karriere. Er wollte ja Ministerpräsident werden. Also bat er sie um eine Auszeit bis zu ihrer Volljährigkeit – das war sein erster Fehler. Denn Verliebtheit kann man nicht auf Termin legen. Gefühle lassen sich nicht schonend einfrieren und nach Belieben wieder auftauen. Sie wusste dies und lehnte ab.

Danach beging er den zweiten Fehler. Er glaubte, er könnte sein Leben einfach zurückspulen. So tun, als hätte es sie nie gegeben. Also hat er seine alte Beziehung wiederaufleben lassen. Er wird Reue bekundet und seiner Langzeitfreundin das Blaue vom Himmel versprochen haben. Danach ist er mit ihr nach Amerika geflogen und hat sie geheiratet. Panik nennt man das. Es war das Eingeständnis, dass er angreifbar war.

Als der Angriff dann kam, hatte er nichts mehr entgegenzusetzen. Er mühte sich erst gar nicht, den Schein zu wahren. Er wusste ja längst: Er hatte seine Liebe der Karriere geopfert. Doch erst jetzt – auf jener Pressekonferenz, bei der er seinen Rücktritt erklärte – erkannte er, dass dieses Opfer überflüssig und sinnlos gewesen war. Weil er zuvor – in jenen besinnungslosen Wochen des Gefühlsüberschwangs – längst seine Karriere der Verliebtheit geopfert hatte.

Und also weinte Christian von Boetticher. Es war Selbstmitleid. Dort oben auf dem Podium, von Parteifreunden umgeben und von allen verlassen, begriff er, dass er jetzt nicht mal mehr die Liebe hatte.

▶▶ **Auch ziemlich traurig: Uwe Kopf (Seite 87)**

▶▶ **Noch trauriger: Wolfgang Herrndorf (Seite 119)**

Verlogenes Leben

Hindenburg und die Wahrheit

Warum wir Hitlers Helfer als Namensgeber brauchen

Ich weiß nicht, ob Sie es schon bemerkt haben: Wir leben im Paradies auf Erden. Es gibt keine Kriege mehr und auch keine Hungersnöte. Alles Elend ist verschwunden. Dies zu erreichen, war ein Leichtes. Es bedurfte lediglich eines anderen Vokabulars. „Friedenssichernde Maßnahmen" sind an die Stelle von Kriegen getreten. Der Hunger musste „temporären Versorgungsengpässen" weichen. Ja, selbst die Unterschicht gehört – dem „Prekariat" sei Dank – der Vergangenheit an. Wir haben uns eine schöne neue Welt geschaffen. Wenigstens mit Worten.

In einer solchen Welt ist für Bösewichte kein Platz mehr. Die Schurken der deutschen Geschichte sind in der Öffentlichkeit kaum noch anzutreffen. Längst sind die Straßen und Schulen dieses Landes nach Widerstands-kämpfern oder wenigstens nach freiheitsliebenden Dichtern, sozial gesinnten Klerikern oder friedensstiftenden Politikern benannt. Nur selten, viel zu selten, versagt die deutsche Gründlichkeit. Dann kann es passieren, dass eine Straße immer noch den Namen eines Paul von Hindenburg trägt. Und der ist, selbst wenn man ihm nachsieht, dass er Hitler nicht verhinderte, eine ziemlich zwielichtige Gestalt.

Und damit genau der Richtige für alle wahrheitsliebenden Menschen. Denn wer für das Gute und Erhabene eintreten will, muss erst das Böse und Niedere erkannt haben. Hindenburg kommt da goldrichtig. Wer ihn verstehen lernt, wird begreifen, warum die Weimarer Republik nie eine Chance hatte. Warum Demokratie für viele Amts- und Würdenträger nur ein lästiges Übel war, aber nichts, wofür sich persönlicher Einsatz gelohnt hätte.

Es war der Falschspieler Hindenburg, der nach dem Ersten Weltkrieg die Dolchstoßlüge verbreiten ließ und damit die junge Demokratie als das Werk von Verrätern diskreditierte – der Keim für ihre spätere Zersetzung. Kein Widerstandskämpfer könnte deutlicher sichtbar machen, warum Frieden und Freiheit auf der Strecke bleiben mussten.

Es lohnt sich also, die Hindenburgstraßen in Deutschland zu erhalten. Wir brauchen auch weiterhin den Reichsmarschall als Namensgeber. Diesen autoritären Militaristen, der im Ersten Weltkrieg den U-Boot-Krieg eskalieren ließ. Diesen erzreaktionären Adligen, der zwar den „böhmischen Gefreiten" Hitler nicht mochte, doch die Demokratie noch weniger.

In der Tat keine schöne Geschichte, aber eine wahre. Denn natürlich leben wir nicht im Paradies. Doch solange Straßen noch die Namen von Antihelden tragen, ist unsere Welt ein Stück weit weniger verlogen.

▶▶ **Flucht in die Spielzeugwelt (Seite 71)**

▶▶ **Sehnsucht nach der heilen Welt: Generation Schneeflocke (Seite 143)**

Vergebene Liebesmüh

Der Tod steht ihm gut

Warum „Tschick" (zu spät) Erfolg hatte

Es hat etwas Voyeuristisches und auch Morbides, auf der Website www.wolfgang-herrndorf.de zu schmökern. Denn der Mann, dessen Tagebuch dort zu lesen ist, ist längst tot; Wolfgang Herrndorf starb 2013 an einem Hirntumor.

Herrndorf? Noch 2010 war dieser Name nur einer sehr speziellen Leserschicht vertraut. Er gehörte zu den – ein Etikett muss her – „Titanic"-Literaten. Das sind Autoren, die man eher selten bei den offiziellen Vorlesewettbewerben antrifft. Auf solchen Festivals wird Hochkultur zelebriert. Literatur fürs Oberseminar, theoretisierend, blutleer, verquast.

Titanic-Literaten aber wollen unterhalten. Ihr Humor wurde durch die Mitarbeit bei der gleichnamigen Satirezeitschrift geprägt. Dort haben sie die harte Schule des pointensicheren Schreibens durchlaufen. Die Romane der (Ex-)Titanic-Mitarbeiter profitieren davon. Und sie irritieren, weil die Grenzen zwischen Wirklichkeitsbeschreibung und Satire manchmal verschwimmen.

So wie in Wolfgang Herrndorfs Debütroman „In Plüschgewittern" aus dem Jahr 2002. Er beschreibt das Leben eines modernen Taugenichts in Berlin: viele Partys, keine Arbeit, viel Gelaber, kein Plan. Die Süddeutsche Zeitung lobte das Buch über den vielzitierten Klee. Der große Erfolg blieb dennoch aus. Wer liest schon klein gedruckte Buchbesprechungen in Tageszeitungen?

Fünf Jahre später wiederholte sich das Trauerspiel mit dem Erzählungsband „Diesseits des Van-Allen-Gürtels". Erneut erhielt Herrndorf positive Kritiken, ja, er gewann sogar den Publikumspreis der Klagenfurter Literaturtage. Doch abermals war das Medienecho zu schwach, um Käuferscharen in die Buchhandlungen zu treiben. Es war wie verhext: Da gab es einen Autor, der pralle Geschichten mit viel Sprachwitz zu erzählen wusste, aber die Masse erfuhr davon nichts. Herrndorf reihte sich ein in die Riege der überschaubar erfolgreichen Titanic-Literaten wie Gerhard Henschel („Die Liebenden"), Thomas Gsella („Blau unter Schwarzen") oder Simon(e) Borowiak („Pawlows Kinder"). Ein Autor, der eher schlecht als recht vom Schreiben lebte.

Bis er im Februar 2010 erfuhr, dass er, im Alter von 45 Jahren, unheilbar erkrankt war. Plötzlich wurde aus dem Schriftsteller Herrndorf der Patient Herrndorf. Und diesmal entfachten die Medien kein laues Lüftchen, sondern einen ordentlichen Sturm. Die Aussicht, dass „Tschick" Herrndorfs letztes Werk sein könnte, befeuerte das Interesse der großen Zeitungen und Zeitschriften.

Endlich erhielt Herrndorf die Aufmerksamkeit, die er

schon früher verdient gehabt hätte. Ob FAZ oder Spiegel, sie alle feierten „Tschick" in langen schwelgenden Texten. Selbst die Bunte entdeckte den todgeweihten Autor. Wie dieser mit dem zu späten Erfolg fertig wurde, lässt sich auf seiner Website nachlesen:

„Gerade werden die Filmrechte verhandelt. Und das ist vielleicht der Punkt, wo ich dann doch so eine Art von Ressentiment empfinde: 25 Jahre am Existenzminimum rumgekrebst und gehofft, einmal eine 2-Zimmer-Wohnung mit Ausblick zu haben. Jetzt könnte ich sechsstellige Summen verdienen, und es gibt nichts, was mir egaler wäre."

▶▶ **Auch tot: James Bond (Seite 39)**

▶▶ **Zu späte Liebe: La La Land (Seite 184)**

Leben in Diskriminierung

Ziemlich beste Opfer

Warum der Retro-Film „Green Book" eigentlich von der Gegenwart handelt

Die gute alte Zeit war ziemlich schlecht. Vor allem, wenn man in den Südstaaten der USA lebte. Dort wimmelte es von übellaunigen, lynchlüsternen Rassisten, die es mit der Unschuldsvermutung und der Würde des Menschen, sofern dieser dunkelhäutig war, nicht allzu genau nahmen – der nächste Baum zum Aufknüpfen war schnell gefunden.

Das alles wissen wir Europäer dank Hollywood. Von „In der Hitze der Nacht" (1967) über „Mississippi Burning" (1988) bis zu „12 Years a Slave" (2013) – immer wieder präsentierte die Traumfabrik den amerikanischen Süden als realen Alptraum. Die Botschaft dürfte mittlerweile angekommen sein.

Das wird Regisseur Peter Farelly ähnlich sehen. Gemeinsam mit seinem Bruder Bobby verschob er in den 90ern die Geschmacksgrenzen der Mainstream-Komödie. In „Dumm und dümmer", „Kingpin" und „Verrückt nach Mary" waren die Flüssigkeiten und Ausscheidungen des Körpers willkommene Aufhänger für Gags. Da wurde

Sperma auch schon mal als Haargel zweckentfremdet. In den Jahren danach blieben die Brüder dem derben Klamauk treu, zuletzt 2014 im Remake „Dumm und dümmehr". Als Gesellschaftskritiker tat sich Peter Farelly dabei nicht hervor.

Umso mehr überrascht sein erstes Solowerk „Green Book", das im Jahr 1962 spielt. Die allzu bekannte Erzählung vom gepeinigten Südstaaten-Neger wird hier kurzerhand ins Gegenteil verkehrt. Onkel Tom verwandelt sich in Dr. Don Shirley, einen gefeierten Jazzpianisten und Komponisten, der garantiert nie Baumwolle gepflückt hat. Mahershala Ali spielt ihn als überkultivierten Schnösel, der beim Anfassen eines Hähnchenschenkels Ekel empfindet. Den Gegenpart übernimmt Tony Lip (Viggo Mortensen), ein Italo-Amerikaner, der um seiner Schlagfertigkeit willen – verbal wie physisch – als Chauffeur für dessen Tournee angeheuert wird. Das Ergebnis ist „Driving Miss Daisy" unter ungewohnten Vorzeichen: Weißer heterosexueller Prolet kutschiert schwarzen schwulen Bildungsbürger. Der Kulturclash kann beginnen!

So ist es diesmal der Schwarze, der den Weißen von oben herab behandelt und belehrt. Dünkel trifft auf Einfalt. Diese Konstellation und die damit verbundenen Wortgefechte werfen einige Pointen ab (weshalb die Golden-Globe-Juroren „Green Book" als „Beste Komödie" auszeichneten), doch sind sie nur Stimmungsaufheller in einem Film, in dem permanent Erniedrigung, Willkür und Fausthiebe drohen. Denn einen gewaltbereiten weißen Südstaatler interessiert es nicht, ob sein schwarzer Gegenüber ein Star ist – die Hautfarbe reicht als K.-o.-Kriterium.

Bloß ist diese Herablassung nicht einseitig. Den schwarzen Intellektuellen interessiert es genauso wenig, in welcher Weise ein ungehobelter Weißer, der als Rausschmeißer in einem Nachtklub gearbeitet hat, die Welt wahrnimmt. Und das ist dann der Punkt, an dem „Green Book" die gute schlechte alte Zeit hinter sich lässt. Die Drehbuchautoren Brian Hayes Currie, Peter Farrelly und Nick Vallelonga (Sohn des porträtierten Tony Lip) begnügen sich nämlich nicht damit, Diskriminierung an der Hautfarbe festzumachen.

Wenn der von Geldnöten geplagte Weiße von sich behauptet, der eigentliche Schwarze zu sein („I'm way more blacker than you"), und der Schwarze damit kontert, er sei für die Schwarzen nicht schwarz genug und für die Weißen nicht weiß genug, befinden wir uns plötzlich inmitten der verwickelten, unübersichtlichen Gegenwart. Also in der Postmoderne, in der keiner mehr so recht zu sagen vermag, wer nun „die Guten" und wer „die Bösen" sind, und man sich am Ende darauf verständigt, dass jeder irgendwie ein Opfer ist. Ja, selbst jener Typus Mensch, der zuvor noch als Täter gebrandmarkt wurde – der selbstherrliche, latent sadistische Cop –, entpuppt sich rechtzeitig vorm Abspann als Freund und Helfer.

In der Opferrolle vereint dürfen Weiß und Schwarz, Arm und Reich schließlich gemeinsam Weihnachten zelebrieren. Und auch Peter Farelly hat Grund zu feiern. Mit „Green Book" hat er genau die Art von Film abgeliefert, die Oscar-Juroren mögen: Sozialkritik mit versöhnlichem Happy-End. Wenn das nicht schamloser ist als „Verrückt nach Mary"!

▶▶ **Reihenweise Opfer: New Hollywood (Seite 146)**

▶▶ **Frauen als Opfer (Seite 77)**

Gestern Werther, heute Elitepartner

Warum die romantische Liebe fast immer schlechte Karten hatte

Natürlich sind die Amis mal wieder an allem schuld. In ihrer Unabhängigkeitserklärung 1776 begnügten sie sich nicht mit den üblichen Floskeln zu Freiheit und Gleichheit, sondern legten noch eine Schippe drauf. „The Pursuit of Happiness" – das Streben nach Glück, also die Selbstverwirklichung – wurde zum Grundrecht erhoben.

Ungefähr zur gleichen Zeit veröffentlichte ein Mann namens Johann Wolfgang von Goethe einen ziemlich schwülstigen Roman über einen pubertären Jüngling, der aus unerfüllter Liebe Selbstmord begeht. „Die Leiden des jungen Werther", das war die deutsche Variante des „Pursuit of Happiness". Und weil das Streben nach Glück so herzzerreißend kitschig beschrieben wurde, wollten plötzlich viele pubertäre Jünglinge unglücklich verliebt sein (und die besonders empfindsamen brachten sich gar um).

So wurde der Keim zu einem der großen Missverständnisse der Menschheitsgeschichte gelegt. Bis dato hatten sich die Menschen damit beschieden, irgendwie über die Runden zu kommen. Eine Missernte, eine Seuche, ein Landesfürst, der gerade Lust auf Krieg hatte – wo nicht einmal die körperliche Unversehrtheit gewährleistet war, war Glück bloß Synonym für Überleben. Wer seinen vierzigsten Namenstag (denn der Geburtstag des Schutzheiligen war wichtiger als der eigene) auf einer Festwiese und nicht unter der Grasnarbe beging, war ein Glückspilz – oder ein Unglücksrabe. Alles Ansichtssache.

Noch im 17ten und 18ten Jahrhundert – ein Zeitalter, das später den Stempel „Aufklärung" verpasst bekam – war es mit Selbstverwirklichung nicht weit her. Wer als Sohn eines Schuhmachers geboren wurde, würde, sofern er Kindheit und Jugend überlebte, als Schuhmacher enden. Weil Opa, Uropa und Ururopa ja auch schon Schuster gewesen waren. Zunft nannte man das. Weil es besser klang als Zwang.

Fremdbestimmung auch im Privatleben. Papa entschied, wen der Nachwuchs ehelichen durfte. Dass Menschen aus Liebe heirateten, überstieg die Vorstellung der damaligen Gesellschaft. Bis der junge Goethe und die noch jüngere USA die Leute auf andere Ideen brachten.

Doch es dauerte noch ein Weilchen, bis die Selbstverwirklichung zum Massenphänomen wurde. Umstürze, Wirtschaftskrisen, Kriege, Weltkriege sorgten dafür, dass die zarte Blüte Wohlstand – Voraussetzung für jede Art von individueller Lebensgestaltung – immer wieder plattgewalzt wurde. Erst das Wirtschaftswunder der 50er und 60er Jahre legte die Grundlage dafür, dass Menschen anfingen, über andere Dinge nachzudenken als den Speiseplan des kommenden Tages. Ohne Wohlstandsbauch kein hungriges Herz. Ohne Ludwig Erhard keine Uschi Obermaier und kein Rainer Langhans.

Natürlich hatte es auch vorher Leute gegeben, die die Sau rausließen. Wer eine Harald-Juhnke-Biografie liest, staunt, welche Exzesse selbst in den miefigen 50ern möglich waren. Doch Lebemänner wie Juhnke waren Einzelfälle; sie fanden nur wenige Nachahmer. Ausschweifungen waren für die meisten Menschen allenfalls als kurze Auszeit zwischen Arbeitszwang und Ehefron denkbar: Zuhause wartete der aufgewärmte Blumenkohl, in der Firma die aufgeknöpfte Bluse. Mit Selbstbestimmung hatte das Ganze nichts zu tun. Der Fremdgänger führte zwei grundverschiedene Leben und war in keinem richtig daheim.

Es war schon paradox: Junge Liebende traten vorschnell vor den Traualtar, um der Illegitimität zu entkommen und fern von Waldböden und Autositzen Sex zu haben (der Kuppelparagraf verbot die Vermietung von Wohnungen an unverheiratete Pärchen). Mit dem Ergebnis, dass nicht wenige von ihnen – gefangen in einer freudlosen Ehe, gekettet an den falschen Partner – wieder in die Illegitimität flüchten mussten, wenn sie Sex haben wollten.

Dieser Doppelmoral setzten Langhans & Co ein „Wer zwei Mal mit derselben pennt, gehört schon zum Establishment" entgegen. Der Siegeszug der Pille und die Entschärfung des Kuppelparagrafen taten ein Übriges. Unehelicher Sex war nicht länger ein potenzieller Straftatbestand, sondern eine harmlose Vergnügung unter vielen.

Die Rahmenbedingungen hatten sich grundlegend geändert. Wer mit wechselnden Partnern ins Bett ging, musste nicht länger Vater- oder Schwangerschaft, soziale Ächtung und die Sittenpolizei fürchten, sondern konnte besten Gewissens darauf verweisen, frei nach der Maxime des großen Friedrich Schiller zu leben: „Drum prüfe, wer sich ewig bindet", ob sich nicht doch was Bessres findet. Erst mal ausprobieren, nichts überstürzen. Fürs Heiraten würde später immer noch genug Zeit sein.

Doch auch wenn die Hochzeitsglocken schließlich läuten, heißt dies noch lange nicht, dass die Liebenden ein Leben lang zusammenbleiben. Nicht der Tod, sondern der Richter scheidet mittlerweile 4 von 10 Ehen. Zwar bringen es nur die wenigsten auf sieben Scheidungen wie Liz Taylor, doch fällt die Hemmschwelle, den Hochzeitsschwur zu brechen, spätestens im fünften Jahr auf Lendenhöhe. War die Ehe einst ein scharf überwachtes Zuchthaus, so ist sie heute allenfalls ein offener Vollzug – mit vorzeitiger Entlassung bei schlechter Führung.

Noch einfacher fällt der Abschied, wenn es nie einen Trauschein gab. Die wilde Ehe hat ihr Stigma verloren. Und selbst wenn Nachwuchs unterwegs ist – die Zeiten der „Pralinenbräute", als die Schwangere schnellstmöglich unter die Haube musste, um zu verhindern, dass aus der Frau eine „gefallene Frau" und aus dem Baby ein „Bastard" wurde, sind lange vorbei. In Frankreich, oft Vorreiter bei gesellschaftlichen Entwicklungen, werden mittlerweile mehr uneheliche als eheliche Kinder geboren.

Es geht uns also prächtig. Vieles kann, nichts muss, schon gar nicht auf Dauer. Kaum Verpflichtungen, aber jederzeit Gelegenheit, neue aufregende Partner kennenzulernen. Und dank Internet haben selbst die Schüchternen plötzlich gute Chancen.

Doch genau dort, in den Singlebörsen des World Wide Web, zeigt sich, dass beim „Streben nach Glück" Enttäuschungen vorprogrammiert sind, und zwar dergestalt wie Informatiker das Wort verstehen: als Abfolge von Prozessorbefehlen, bei denen der Rechner am Schluss ein Ergebnis ausspuckt. Die Eingaben des Interessenten werden mit Eingaben anderer Interessenten abgeglichen. Je mehr Übereinstimmungen, desto mehr „Matching Points". Je mehr Matching Points, desto größer die Wahrscheinlichkeit, dass hier zwei ähnlich gestrickte Menschen zueinandergefunden haben – zumindest aus Sicht der Mathematiker. Klingt erst mal gut. Auf der Suche nach Seelenverwandten ist keiner mehr an seine heimatliche Scholle gebunden. Der Flensburger, der vergeblich sein Gegenstück an der Ostsee suchte, hat nun die Möglichkeit, es an der Donau zu finden. Soweit die Theorie. Leider macht die Praxis dem schönen Traum meist einen Strich durch die Rechnung.

Erstens, weil es sich in der virtuellen Welt noch schamloser lügen lässt als in der realen. Hier wie dort gilt: Wer am besten schummelt, kriegt die meisten Dates. Zweitens, weil die aufregendsten E-Mails und knisterndsten Telefonate keine Gewähr für heiße Begegnungen sind. Von Angesicht zu Angesicht werden aus Projektionsflächen leibhaftige Menschen, die man im schlimmsten Fall nicht riechen kann, da die eigene Genetik – das gnadenlose, unbestechliche Partnersuch- und Fortpflanzprogramm – trotz 73 Prozent Matching Points kein sexuelles Interesse am Probanden bekundet. Und plötzlich erscheinen selbst „die guten Gespräche", die man vorher hatte, irgendwie banal.

Doch sind solche Desillusionierungen harmlos, verglichen mit der eigentlichen Krux der Singlebörsen. Die vermeintlich so moderne Art der Partnerfindung fördert in Wirklichkeit gesellschaftliche Zustände, die mehr mit dem 17ten als mit dem 21sten Jahrhundert zu tun haben. Auch wenn die Vermarkter der Partnerportale nicht müde werden, romantische Bilder grenzensprengender Liebe heraufzubeschwören – das Gegenteil ist der Fall. Das Internet zementiert die wirtschaftlichen Verhältnisse.

Sozialer Aufstieg durch Heirat? Das war einmal. Vorbei die Zeiten, da die Sekretärin den Chef und die Krankenschwester den Oberarzt ehelichte. Selbst glückliche Fügungen, wie sie in der realen Welt zumindest ab und an passieren – Lehrerin küsst Kfz-Mechaniker, Ingenieur verfällt Verkäuferin –, sind im virtuellen Kosmos praktisch ausgeschlossen. Die Architektin, die sich bei Elite-partner.de einloggt, will keinen Maurer, sondern einen Manager. Die Akademikerschicht bleibt unter sich, das Proletariat draußen.

So wird das Dating-Universum zum Spiegelbild der ökonomischen Welt. Denn auch dort wird aus dem Teller-wäscher kein Millionär. Nicht mehr.

▶▶ **Befreite Frauen: „Good Girls Revolt" (Seite 35)**

▶▶ **Freie Liebe: „Mad Men" (Seite 107)**

Liebe, masochistisch

Sehnsucht nach Jancker

Warum der schlechte deutsche Fußball schön war

Nein, früher war nicht alles besser. Im Gegenteil. Ich sage nur: Horst-Dieter Höttges, Berti Vogts, Bernhard Dietz, die Förster-Brüder, Jürgen Kohler, Christian Wörns – die Ahnenreihe des Fußball-Malochertums. Männer mit eisernem Willen und noch härteren Füßen. Emsig, rechtschaffen und unerträglich anzusehen.

Und dennoch: Für einen echten Fan gab es keine Alternative. So wie ein Hungernder für jeden Krumen Brot dankbar ist, berauschte man sich am Elfmeterschießen des Halbfinales 1982 gegen Frankreich und vergaß darüber das elende Gegurke in den Spielen zuvor, sogar den Nichtangriffspakt im Vorrundenmatch gegen Österreich.

WM bedeutete für einen deutschen Fußballfan: auf magische Momente hoffen und dafür bereit sein, Stunden des Stumpfsinns durchzustehen. Dabei spielte es keine Rolle, ob die Deutschen sich ins Endspiel wurschtelten oder nicht. Gruselig war es so oder so. Ob 1982, 1986 oder 2002, der Weg ins Finale war stets mit Leiden verbunden – für den Zuschauer, der lustlose Gruppenspiele, komatöse Achtelfinals und ermüdende Viertelfinals erdulden musste. Selbst im Weltmeisterjahr 1990 hieß der wichtigste deutsche Spieler „Dusel" und verhalf Beckenbauers Elf zu glücklichen K.-o.-Siegen gegen die Tschechoslowakei und England.

Dass vor allem Frauen diese Art des „Entertainments" mieden, war nur allzu verständlich. Dann lieber Kreuzworträtsel oder Gardinenwaschen. Fußball war kein Vergnügen. Wenigstens nicht in Deutschland. Es war harte Arbeit. Was nicht passte, wurde passend gemacht. Das Zaubern überließ man den anderen, die in der Regel „tragisch", „unglücklich" und „unverdient" ausschieden.

Bis Klinsmann und Löw kamen. Seit ihrem Amtsantritt im Sommer 2004 wird auch in Deutschland Fußball GESPIELT. Das ist hübsch anzuschauen. Ein wenig Fantasie genügt – man stellt sich einfach vor, die Trikots wären gelb statt weiß –, und schon hat man die Illusion, Brasilien wirbelte auf dem Feld. Ende gut, alles gut.

Oder auch nicht. Denn der alte deutsche Fußball verlangte Demut und Unterwerfung. Man legte sein Schicksal in die Hände (= Füße) von Menschen, die damit offenkundig überfordert waren. Das eigene Seelenheil von der Ballbehandlung eines Horst Hrubesch, Jens Jeremies oder Carsten Jancker abhängig zu machen, setzte ein quasireligiöses Vertrauen voraus. Selbst Atheisten entdeckten die Kraft des Stoßgebets („Oh Gott!", „Herr im Himmel!", „Jesses Maria!"), wenn das störrische Leder sich wieder mal den Zähmungsversuchen deutscher Fußarbeiter widersetzte. Wie schafften es die Spieler anderer Mannschaften bloß, den Ball anzunehmen, ohne dass dieser drei Meter versprang?

Doch dann geschah tatsächlich das Wunder: Der Fußballgott hatte ein Einsehen und belohnte all jene, die immer wieder ausgeharrt hatten, mit magischen Momenten. Dann setzte Klaus Fischer zum Fallrückzieher an, oder Lothar „Diego" Buchwald entdeckte den Maradona in sich und schlug die Flanke seines Lebens. Ehe im nächsten Spiel das Martyrium von vorn begann und wieder Demut verlangt war.

Der neue deutsche Fußball verlangt gar nichts. Er ist wie 90 Minuten Popcorn-Kino: beste Action, klasse Spezialeffekte, und am Ende triumphieren meist die Guten. So was gefällt selbst Leuten, die zwischen WM und EM nie auf die Idee kämen, sich ein Spiel anzuschauen. Fußball ist in der Spaßgesellschaft angekommen, mit der Weltmeisterschaft als ihre Loveparade – wir schalten rüber zum Public Viewing.

▶▶ **Im Rudel Fußball kucken (Seite 193)**

▶▶ **Das Jahrzehnt des schlechten deutschen Fußballs: die 80er (Seite 109)**

Gitarrespielende Pfadfinder

Warum mit dem Tod von Kurt Cobain ein ganzes Zeitalter starb

Sie waren: niemand. Außenseiter, Verstoßene, Underdogs, Freaks. Untauglich für eine bürgerliche Laufbahn. Zum Scheitern verurteilt – so schien es. Doch sie hatten das Glück, in einer Zeit zu leben, in der Anders-Sein das Ticket für einen Raketenstart war. So wie Little Richard, der groß rauskam, obwohl nichts an ihm normal war, vom zu kurzen Bein bis zur Stromschlagfrisur. Aber was hieß schon „normal" in einer Zeit, in der Individualität als Krankheit galt.

David Hepworth, britischer Musikjournalist, hat 40 Diagnosen solcher „Uncommon People" aufgeschrieben. Er nennt sie „Rock Stars", doch er meint damit nicht Stars, die Rockmusik machten (sonst hätten Brian Wilson von den Beach Boys, Elton John, Bob Marley, Duran Duran, Michael Jackson, Madonna und Prince es nicht in sein Buch geschafft), sondern Stars, die die Welt rockten, also erschütterten. Dafür brauchte man nicht nur die richtigen Töne, sondern auch die passende Einstellung. Und die gründete oft auf einer wunden, entzündeten Seele, die nach Anerkennung und Erfolg – der einzigen Salbe, die Linderung versprach – schrie.

Dafür waren die Rockstars bereit, einiges zu tun. Wie Bob Dylan, der in Interviews eine Kindheit und Jugend zusammenfälschte, die die Kritiker so verzückte, dass sie auf den Faktencheck verzichteten. Oder wie Janis Joplin, die es immer wieder darauf anlegte, mit Beischlafbeichten in die Schlagzeilen zu kommen. Das war ein Leichtes, denn die Musikjournalisten waren die Komplizen der Stars, die Zweitverwerter des Sex & Drugs & Rock'n'Roll-Lifestyles. Wenn es schon nicht für die Bühnenrampe reichte, dann wenigstens für den Backstage-Pass. In den späten 70ern war es nichts Außergewöhnliches, wenn ein Mitarbeiter der Zeitschrift Rolling Stone die damals erfolgreichste Gruppe der Welt, Fleetwood Mac, wochenlang auf einer Tournee begleitete, um sie näher kennenzulernen. Man darf annehmen, dass dieser Annäherungsprozess durch reichhaltigen Kokainkonsum gefördert wurde.

Bis auf den Finanzchef der Plattenfirma störte sich auch niemand sonderlich daran, dass die Veröffentlichung des Queen-Albums „Jazz" im Jahr 1978 mit einer einwöchigen Orgie in New Orleans gefeiert wurde, bei der selbst die Sekretärinnen des Labels (wie der damalige Vize von Warner Bros., Stan Cornyn, zu berichten weiß) permanent stoned waren. Die ganze Sause kostete nach heutigem

Geldwert 750.000 Dollar. Doch hätte es keiner gewagt, Freddie Mercury dafür zu steinigen. Zum einen, weil in den Zeiten vor Twitter, Instagram, BILD-Leser-Reporter und Co der Kreis derjenigen, die darüber Bescheid wussten, überschaubar war. Zum anderen, weil die Fans ein solches Verhalten gutgeheißen hätten. Den Grund nennt der Autor Oliver Tepel: „Der Star war eine Figur der sexuellen Freiheit, der Gefahr, der Unvernunft und einer Sinnsuche, die nicht die große Moral, sondern den Genuss im Sinn hatte." Er folgte keinem Wertekanon, sondern einem inneren Drang. Er lebte vor, welches Leben möglich war, wenn man sich nur traute. Nicht Tugend und Gehorsam, sondern Laster und Grenzüberschreitungen machten ihn zum Vorbild. Deshalb war das Agieren jenseits von Aufnahmestudio und Bühne – mit all seinen Exzessen – wichtig für die öffentliche Wahrnehmung.

Auch Musikvideos konnten dem Rockstar dazu verhelfen, ein Image als Tabubrecher aufzubauen. Queen ließ für den Clip zu „Bicycle Race" 65 nackte Frauen durchs Wimbledon-Stadion radeln. Noch weiter gingen die Videopioniere Godley & Creme. Im Duran Duran-Clip „Girls on Film" ließen sie barbusige Frauen im Schlamm catchen. Allen Beteiligten war bewusst, dass damit die Chance auf eine Aussendung im öffentlich-rechtlichen Fernsehen auf null reduziert wurde. Doch die Zensur bescherte Duran Duran ein Medienecho, das ungleich wertvoller war.

Denn die Währung des Rockstars war Aufmerksamkeit.

In dieser Hinsicht funktionierte die Musikindustrie wie jede boomende Branche: Mit der Nachfrage explodierte auch das Angebot. Es gab immer mehr Mitbewerber, die mit „Produktdiversifizierungen" (z. B. die mannigfachen Bindestrich-Varianten des Rock, wie Hard-Rock, Glam-Rock, Country-Rock usw.) das Original verdrängten. Die Halbwertszeit vieler Stars sank. Es gab zwei Wege, darauf zu reagieren. Man erfand sich immer wieder neu, wie es David Bowie und Madonna taten, die sich, sobald die Konsumenten sich gelangweilt abzuwenden drohten, einfach eine neue Identität zulegten. Oder man verweigerte sich von vornherein dieser gnadenlosen Vermarktungsmaschinerie, die sich nur um Verkaufszahlen und Umsätze drehte. So entstand die Independent-Szene, quasi die Bioläden der Musikbranche.

Und dann gab es mit einem Mal noch einen dritten Weg, der in der Welt des Rock, in der stets nur das Neue, Fremde, Verstörende gezählt hatte (was schließlich in Hardcore Punk und Death Metal mündete), gar nicht vorgesehen war: Man änderte nichts. Denn ungeachtet des Klubs 27 – jener Vereinigung von Frühverstorbenen, die Größen wie Brian Jones, Jimi Hendrix, Janis Joplin, Jim Morrison, Kurt Cobain und Amy Winehouse zu ihren Mitgliedern zählt – hielten die meisten Rockstars überhaupt nichts von der Joplin'schen Maxime „Live fast, die young". Sie hatten aufgehört, auf der Überholspur zu leben, und wollten lieber steinalt werden. Und ihren Fans, die Reihenhauskredite abstotterten, ging es nicht anders. Bands wie die Rolling Stones oder AC/DC haben deshalb seit Jahrzehnten Erfolg, weil sie von der einmal entwickelten Rezeptur nicht mehr abweichen. So wird der Rockstar zum Dienstleister, der seiner Zielgruppe das vertraute Produkt zuverlässig liefert. Coca Cola schmeckt schließlich auch nicht anders als vor 50 Jahren.

Damit aber erweist sich der Rockstar als Ewiggestriger. Als Bewahrer des Status Quo (was auch für die gleichnamige Band gilt, die ihren Boogie-Rock-Stiefel ebenfalls über Jahrzehnte hinweg unverändert runterspielte). Doch nicht nur die Musik entlarvt ihn als Traditionalist. Auch sein Auftreten ist rückwärtsgewandt. Bis in die 80er Jahre hinein war der Rockstar ein Vertreter der Avantgarde. Ein Aufrührer und Provokateur, der „die Spießer" zur Weißglut brachte. Boy George von Culture Club war einer der Letzten, der allein durch sein Erscheinungsbild kleinbürgerliche Ablehnung auszulösen vermochte. Mit Bob Geldorf und der von ihm initiierten Band Aid/Live Aid änderte sich die Rolle des Rockstars grundlegend. Aus der „Boomtown Rat", dem dubiosen Subjekt oder asozialen Element, das nur das eigene Vergnügen im Kopf hatte, wurde eine Säule der Gesellschaft. Ein verantwortungsvoller Staatsbürger, der im Geiste von Hilfswerken und karitativen Organisationen handelte. Fortan bekämpfte Bono das Elend in Afrika und Sting die Abholzung des Regenwalds. Selbstzerstörerische Hedonisten waren von

Bewahrern der Schöpfung abgelöst worden. Dem Mythos Rockstar hätte nichts Schlimmeres passieren können.

An die Stelle der Bad Boys traten Gitarre spielende Pfadfinder – täglich eine gute Tat. Einer, der damit nichts anzufangen wusste, war Kurt Cobain. Er hatte den Kampf um eine bessere Welt längst aufgegeben, versuchte nur noch sein Unbehagen angesichts einer Welt, in die er nicht hineinpasste, in Worte und Töne zu fassen. Für einen Menschen, der sich von der Masse unverstanden fühlt, kann es keine größere Absurdität geben, als wenn diese Masse ihn verehrt und Erwartungen an ihn stellt. Doch genau das geschah. Mit „Smells Like Teen Spirit" wurde Independent Mainstream; plötzlich kaufte jeder im Bioladen.

Damit hatte der Rockstar sich zu Tode gesiegt. Er hatte jede Mauer niedergerissen, Meter um Meter an Freiraum erobert, sämtliche Gegner geschluckt – und war auf diese Weise genau das geworden, wogegen er einst angekämpft hatte: etabliert, bürgerlich, konservativ, staatstragend. Elton John und George Michael bahnten mit ihren Outings den Weg für Jens Spahn (CDU). Die Musik des Rockstars sagt daher nichts mehr über seine Hörer aus. Auch koksende Investmentbanker und tätowierte Polizisten lauschen Led Zeppelin oder Nirvana. Die individuellen Freiheiten, die der Rockstar erstritten hat, sind Allgemeingut geworden. Niemand braucht ihn mehr. Der Rockstar ist keine reale Person mehr, sondern nur noch der Name eines Energydrinks.

Und das ist schade. Denn die Geschichten, die David Hepworth mit Biss und Süffisanz erzählt, zeigen, wie spannend eine Welt war, in der man common und „Uncommon People" noch auf Anhieb unterscheiden konnte.

▶▶ **Was nicht nur Rockstars konsumieren: Kokain (Seite 190)**

▶▶ **Das Gegenteil von Rock: Schlager (Seite 170)**

Wenn Träume dahinschmelzen

Warum die Generation Schneeflocke so verschreckt und mutlos ist

Nein, das ist kein Zitat aus einem Fantasy-Roman: „Die jungen Menschen sind sich sicher, dass sie Arbeit finden werden, dass sie sinnvolle Arbeit finden können. Lebensangst, materielle Lebensangst ist ihnen fremd geworden." Der Historiker Golo Mann sprach diese Worte Anfang 1973. Zu diesem Zeitpunkt lagen 25 goldene Jahre hinter der Bundesrepublik. Seit der Währungsreform 1948 hatte es im Westen Deutschlands einen nie zuvor erlebten Boom gegeben. Der „Wohlstand für alle", den Wirtschaftsminister Ludwig Erhard versprochen hatte, war Wirklichkeit geworden. Jene, die in den 40er und 50er Jahren auf die Welt gekommen waren, mussten glauben, dass Leben wäre eine einzige Aufwärtsbewegung, bei der selbst der Himmel nicht das Limit war – schließlich hatte man seit 1969 mehrfach den Mond bestiegen. Für einen jungen Menschen war es damals leicht, Optimist zu sein. Bis die Ölkrise im Herbst 1973 und der nachfolgende Wirtschaftseinbruch und Arbeitslosenschub den Zukunftsglauben erstmals erschütterten.

Eine Schwalbe macht noch keinen Sommer, und eine Krise noch keinen Pessimisten. Woher also rührt die Verzagtheit jener, die in den 90ern geboren wurden und auch schon mal verächtlich als „Generation Schneeflocke" bezeichnet werden? Man kann es sich einfach machen und die Lebensangst junger Erwachsener auf die vielen kleinen und großen Katastrophen der letzten Jahrzehnte schieben. Aids, Tschernobyl und Fukushima, mehrere Börsencrashs und Rezessionen, diverse Kriege und Völkermorde, der 11. September, Al-Kaida und ISIS und so weiter und sofort.

Keine schönen Ereignisse, aber weniger schlimm und folgenschwer als das, was in den 30er und 40er Jahren in Europa geschah. Auch weigert sich die Welt – allen Schwarzmalern und Panikmachern zum Trotz – unterzugehen. Das Ozonloch schrumpft, und vom Waldsterben redet nicht mal mehr Greenpeace. Selbst der wirtschaftliche Niedergang fällt mangels Teilnehmern aus. Das Wegbrechen der Mittelschicht, das Volkswirte seit Jahrzehnten herbeiprognostizieren, findet, zumindest hierzulande, nicht statt. Stattdessen geht der Trend zum Drittwagen und Mehrfachurlaub. Unsere Vorfahren hätten uns beneidet. Wir leben in der besten aller Welten. Wir haben den Zenit erreicht.

Genau das ist das Problem. Frühere Generationen hatten einen mühevollen, oft knüppelharten Aufstieg hinter sich, ehe sie den Gipfel erreichten. Die Generation Schneeflocke hingegen kennt nur das Hochplateau. Dass es ein

Leben in der Talsohle gibt, weiß sie allenfalls aus dritter Hand. Aber sicher nicht von ihren Eltern. Denn diese haben ihren Kindern jahrein, jahraus vermittelt, dass die Welt nur auf sie wartet. Weil sie etwas Besonderes, Außergewöhnliches, Einzigartiges seien. Was die stolzen Eltern zu erzählen vergaßen: Dass hinter „Glück" oft Knochenarbeit steckt und dass es kein Grundrecht auf Selbstverwirklichung gibt.

Deshalb kommt das Studium einem Realitätsschock gleich. Plötzlich sitzen – Fluch der Abiturientenschwemme – all die außergewöhnlichen Kinder mit zu vielen Altersgenossen, die nicht minder besonders und einzigartig sind, im gleichen Hörsaal. Und keiner hat auf sie gewartet. Schon gar nicht ihr Professor, der sie nur als Masse wahrnimmt und auch so behandelt. Spätestens nach der ersten Absage auf eine Praktikumsbewerbung setzt die Unruhe ein. Niemand hat sie darauf vorbereitet, dass das Leben vielleicht doch ein Kampf sein könnte, bei dem am Ende ein anderer gewinnt. Und dass der Traumberuf ein Traum bleiben wird.

Erst jetzt blicken sie, viel zu spät, nach unten – dort, wo es zu warm für Schneeflocken ist. Sie sehen, welcher Abstieg, ja, Absturz ihnen bevorstehen könnte. Und mit einem Mal packt sie die Höhenangst.

▶▶ **Der Absturz der „Kreativen" (Seite 187)**

▶▶ **Der Absturz des Fernsehens (Seite 83)**

Als Kommerz cool war

Warum die Traumfabrik Realismus produzierte

Veränderung beginnt mit Verzweiflung. Und die war groß im Hollywood der späten 60er. Das Publikum hatte sich sattgesehen an der Fließbandkost der großen Studios. Die bewährten Rezepte – leichte Alltagskomödien, opulente Western und überzuckerte Musicals – funktionierten nicht mehr. Wer die Bilder aus Vietnam sah, der mochte nicht mehr glauben, dass John Wayne die Sache schon richten würde. Schon gar nicht im eigenen Land, in dessen innerstädtischen Dschungeln es auch nicht viel friedlicher zuging als in denen Indochinas. Minderheiten muckten auf. Die Bürgerrechtsbewegung entdeckte die Straße; die Nationalgarde Tränengas und scharfe Munition. Revolution lag in der Luft.

Auch in den Schlafzimmern. Die hygienische Pyjama-Erotik einer Doris Day hatte ihren Reiz verloren, galt als verlogen – lieber Bettgestöhne als „Bettgeflüster"! Die „älteste Jungfrau der Welt" war zum Kassengift geworden. So wie die anderen Biedermeier-Stars, die keiner mehr sehen mochte. Mit jedem Flop wuchs die Verzweiflung der Hollywoodbosse. Man brauchte eine neue Erfolgsformel.

Dringend. Sofort. Und Regisseure wie Arthur Penn, Mike Nichols, Robert Altman, Peter Bogdanovich, Francis Ford Coppola und Martin Scorsese lieferten sie.

Ausgerechnet Regisseure! Ein Berufsstand, der bis dato (von Ausnahmen wie Hitchcock, John Ford und Billy Wilder abgesehen) als Erfüllungsgehilfe der Produzenten fungierte. Regisseure waren Aufseher, die dafür bezahlt wurden, die Stars in Schach zu halten, während sie das Drehbuch abarbeiteten. Das änderte sich nun. Mit einem Mal wurden Regisseure selber zu Stars. Sie drückten dem Film ihren Stempel auf, indem sie ein Amerika zeigten, wie man es nie zuvor im Kino gesehen hatte.

Ein Paradebeispiel hierfür ist William Friedkins „French Connection", fünffacher Oscar-Gewinner 1971 und einer der Klassiker des New Hollywood. Friedkin präsentiert ein New York, in dem man nicht Urlaub machen möchte. Es ist dreckig, schäbig, heruntergekommen. Doch noch schmutziger sind die Menschen, die dort leben. Sie sind von Gier, Lust und Rache getrieben. Und wir reden hier nicht von den Bösen, sondern von den Guten, die auf der Jagd nach den Bösen diesen immer ähnlicher werden. Gene Hackman spielt den „Bad Cop", dem bei der Verbrechensbekämpfung jedes Mittel recht ist und der am Ende dennoch miterleben muss, wie die Gejagten davonkommen.

Denn ein Happyend – die Bösen wandern ins Gefängnis, die Liebe triumphiert – ist im New Hollywood nicht vorgesehen. Die meisten Werke enden auf einer traurigen oder tristen Note. In Martin Scorseses Erstling, „Wer klopft denn da an meine Tür", vergrault Harvey Keitel seine große Liebe, in Bob Rafelsons „Ein Mann sucht sich selbst" lässt Jack Nicholson seine schwangere Freundin sitzen, und in John Schlesingers „Asphalt-Cowboy" geht Dustin Hoffman vor die Hunde. Dem Erfolg tat dies keinen Abbruch. Der Neorealismus jener Jahre traf den Zeitgeist punktgenau. Bis zwei New-Hollywood-Regisseure etwas Neues ausprobierten: Statt realer Menschen übernahmen weiße Haie und Jedi-Ritter die Hauptrolle. Aber das ist eine andere Geschichte, die des Blockbusters.

▶▶ **Von Jedi-Rittern zu Vampiren (Seite 79)**

▶▶ **Realismus im deutschen Kino (Seite 58)**

Leben, passiv

Schon wieder nix passiert!

Warum Lethargie fesselnd sein kann

Wir waren die Glücklichen, die Auserwählten. Wir waren die erste Generation, die nicht mehr zu kämpfen brauchte. Auf dem Schlachtfeld schon gar nicht. Wenn Opa vom Krieg erzählte, fühlte sich dies so fremd und unwirklich an wie ein Märchen aus 1001 Nacht. Doch auch die harmlosen, weniger blutigen Kämpfe blieben uns erspart. Anders als die 68er-Generation mussten wir uns nicht mehr gegen die Obrigkeit, zum Beispiel autoritäre, intolerante Lehrer, auflehnen. Denn unsere Lehrer, das waren ja die 68er, und die hatten für alles Verständnis.

So zogen wir in die Welt hinaus mit dem Gefühl, dass diese uns bereits gehörte. Selbstverwirklichung – Opa hätte das Wort nicht verstanden – war unser Lebensprinzip. Und Judith Hermann unsere Chronistin. Sie zeichnete auf, wie wir lebten, dachten, fühlten. „Zeichnen" ist hierbei wörtlich zu verstehen. Ihre Kurzgeschichten waren keine Filme, in denen sich die Handlung überschlug, sondern Gemälde, die einen bestimmten Zeitraum, manchmal nur eine einzige Nacht, detailreich festhielten. Action? Fehlanzeige! Schon in ihrem ersten Erzählband, „Sommerhaus, später" aus dem Jahr 1998, übertreffen sich die Akteure in Passivität. Die Titelgeschichte ist dabei Programm. Den Einzug ins Sommerhaus, das für ein neues, komplett anderes Leben steht, verschiebt die Ich-Erzählerin so lange auf „später", bis die Chance vertan ist. Ähnlich verhält sich der männliche Protagonist in „Sonja", der sich die „Möglichkeit eines Lebens mit einer kleinen seltsamen Person (...), die ich wohl liebte" durch die Lappen gehen lässt.

Man kann diesen Zauderern ihre Unentschlossenheit und Unschlüssigkeit nicht einmal verübeln. Denn jene Menschen, die in den 60ern, 70ern und 80ern zur Welt kamen, wuchsen in dem Bewusstsein auf, dass das Leben ein Füllhorn an Möglichkeiten bot. Dass man sich beizeiten für eine davon entscheiden muss – davon war nie die Rede gewesen. Deshalb treten Veränderungen, wenn überhaupt, nur unbeabsichtigt ein. In einem Interview mit der Zeitschrift Brigitte erwähnte Judith Hermann einmal, dass ihr Kind „nicht geplant" gewesen sei. Ähnlich ergeht es ihren literarischen Antihelden. In der Titelgeschichte ihres zweiten Erzählbands, „Nichts als Gespenster", gesteht die Hauptfigur, „dass sie in den entscheidenden Momenten ihres Lebens immer so etwas wie bewusstlos gewesen ist." In Trance oder gar im Schlaf (wie im Roman „Aller Liebe Anfang") rutschen die notorischen Phlegmatiker in ein neues Leben hinein und wundern sich dann, viel später, dass nichts mehr so ist, wie es einst war. Die Hauptdarstellerin aus „Aller Liebe Anfang" blickt fassungslos zurück: „Weißt du noch, wie zuversichtlich wir vor zehn Jahren gewesen sind. Beinahe verwegen. Und dabei ging es um nichts."

Vielleicht liegt genau darin das Dilemma unserer Generation: Wir haben erst spät, bisweilen zu spät begriffen, dass es doch um etwas geht. Doch weil wir nie gelernt haben, wirklich zu kämpfen, verharren wir auch jetzt, da Anpacken verlangt wäre, in Lethargie. Schwelgen in Erinnerungen und wundern uns über die Gegenwart. Eine eigenartig antriebsarme Generation, die Judith Hermann seit mehr als zwei Jahrzehnten schriftstellerisch begleitet. Und weil sie dies präziser, detaillierter und abgeklärter tut als irgendein anderer Autor, sind ihre Veröffentlichungen nicht nur Geschichtenbücher, sondern auch Geschichtsbücher. Kommende Historiker, die sich fragen werden, wie die Menschen um die Jahrtausendwende wohl getickt haben, finden in Judith Hermanns Erzählungen nüchterne und ernüchternde Antworten.

▶▶ **Berauschend: Public Viewings (Seite 193)**

▶▶ **Hilft gegen Lethargie: Kokain (Seite 190)**

Fest der Liebe

Sehnsucht nach der stillen Nacht

Warum wir Christmas-Shows für unsern Seelenhaushalt brauchen

Ich sag es Ihnen gleich: Ich habe keine Zeit. Dieser Text muss flott runtergeschrieben werden. Denn wenn ich an die kommenden Wochen denke, wird mir jetzt schon flau. Advent ist ja – so lernt man im Religionsunterricht – die Zeit der Besinnung. Was dies tatsächlich bedeutet, wurde mir erst im Berufsleben klar. Regelmäßig am Montag nach dem ersten Advent besinnen sich Firmen und Behörden, dass das Jahr ja bald zu Ende ist und man Projekte, die irgendwann im Frühsommer auf Eis gelegt wurden, noch schnell zu Ende bringen könnte, nein, müsste, und zwar sofort. So werden die Adventswochen zu den arbeitsintensivsten des Jahres. Im Dezemberfieber laufen die Rechner heiß.

Und nach Dienstschluss geht es auch nicht ruhiger zu. Es wird gefeiert, bis die Krippe kracht: Weihnachtsessen der Firma, Adventsfeier vom Verein, Glühweintrinken auf dem Weihnachtsmarkt. Zwischen den Phasen der Überarbeitung und der Verkaterung müssen auch noch

Weihnachtsgeschenke besorgt werden, weil man in den elf Monaten zuvor – „Mensch, ist das Jahr wieder schnell rumgegangen!" – nie Zeit dazu hatte. Nicht zu vergessen: Hastige Treffen mit weggezogenen Freunden, die kurz vor Heiligabend wieder in heimischen Landen weilen.

Natürlich kann in dieser Hamsterrad-Hektik keine andächtige Stimmung aufkommen. Weil wir aber spüren, dass es anders sein müsste, und uns daran erinnern, dass es mal anders war, versuchen wir das gute alte Weihnachtsfeeling als Konzentrat zu konsumieren – wie einen Energytrunk, der fehlenden Schlaf kompensieren soll.

Das Mittel hierzu, oder sagen wir, die Droge, sind Christmas-Shows, die jedes verfügbare Pathos-Geschütz auffahren: große Gesten, bombastische Gesänge, überwältigende Lichteffekte. Solche Spektakel dienen als Gefühlsbeschleuniger. Was uns in überfüllten Fußgängerzonen und von Fahrstuhlmusik dauerberieselten Kaufhäusern nicht mehr gelingt, schafft eine Allianz aus Musicalsängern, Hans Klok und Guildo Horn: eine kindliche Vorfreude auf Heiligabend aufzubauen. Es ist die Tragik unserer vollgepackten Zeit, dass diese innere Wandlung binnen zwei, drei Stunden geschehen muss – eigentlich waren dafür mal vier Wochen vorgesehen. Womit dieser Text sein abruptes Ende findet. Der nächste Termin wartet bereits.

▶▶ **Warum wir „Last Christmas" brauchen (Seite 196)**

▶▶ **Warum wir Kultur brauchen (Seite 181)**

Tod einer Liebe

Warum die Digitalisierung die Beziehung zur Musik zerstört hat

10,04 Euro. In Worten: zehn Euro und vier Cent. Hand aufs Herz: Würden Sie so viel Geld für ein einziges Lied ausgeben? Die Menschen im Jahr 1972 taten es. Sie bezahlten 6 DM für einen einzigen Song (denn die B-Seite einer Single interessierte niemanden), und das sind bei heutiger Kaufkraft 10,04 Euro.

Ein stolzer Betrag für drei Minuten Töne. Da mussten junge Musikfans genau überlegen, für welchen Song sie sich entschieden. Denn Taschengeld, Lehrlingsgehalt oder Bafög reichten nicht aus zum Aufbau einer breitgefächerten Sammlung. Zumal die Entscheidung für Musik eine Entscheidung gegen alkoholhaltige Getränke, Mode und Freizeitaktivitäten war. Gab man die 6 Mark für eine Single aus oder lieber für einen Kinoabend mit zwei großen Bier hinterher?

Noch drastischer fiel die Rechnung bei der Langspielplatte aus. Für 18 Mark konnte man in der Disco einen Abend lang den großen Zampano raushängen lassen, in der Hoffnung, dadurch das Objekt der Begierde zu sexuellen Handlungen zu verleiten. So wurde, wenn alles gut lief, der Verzicht auf die LP damit belohnt, dass man danach nicht mehr Single war. Und wenn man leer ausging, erinnerte man sich an John Miles' Song „Music" („To live without my music, would be impossible to do") und bereute es, seiner wahren Liebe untreu gewesen zu sein.

Es war eine teure Liebe. Billiger war Kopieren. Also behalf man sich mit dem Aufzeichnen von Songs aus dem Radio und hoffte dabei inständig, der blöde Rundfunkmoderator würde nicht wieder ins Lied reinquatschen und so die Aufnahme ruinieren. Auf diese Weise wurden reihenweise 90-minütige Ferro Extra- und Chrome-Kassetten gefüllt.

Doch waren diese nur ein Notbehelf. Die oft amateurhafte Qualität der Aufnahmen – manche Kassetten rauschten stärker als ein Gebirgsbach – steigerte das Verlangen nach dem perfekten Original. Wenigstens die Lieder seiner Lieblingsband wollte man auf Schallplatte haben.

Und damit begann die Qual der Wahl. „The Beatles or The Stones?", das war nicht nur eine Frage des Geschmacks, sondern auch des Geldes. Wo die finanziellen Mittel für musikalische Polygamie fehlten, musste das Herz entscheiden. Wen liebte man mehr? Deep Purple oder Led Zeppelin? David Bowie oder T. Rex? Abba oder Smokie? Das teure Gut Musik verlangte klare Entscheidungen. Am Ende stand fest: Die große Liebe schaffte es auf den Plattenteller, der vorübergehende Schwarm nur auf die Leerkassette.

Und zu oft war die große Liebe – wie im wirklichen Leben – unerreichbar. Das konnten seltene Independent-EPs sein, Schwarzpressungen von Konzertmitschnitten oder Alben, die nur in Kleinstauflage oder fernen Ländern wie Brasilien veröffentlicht worden waren. Wer Glück hatte, kannte einen Musikdealer, der gegen entsprechendes Geld auch solchen Stoff zu besorgen vermochte. Und manchmal geschah ein Wunder, und man entdeckte auf dem Flohmarkt eine verschollen geglaubte Aufnahme. Solche Glücksmomente entschädigten dafür, dass der Plattenteller allzu oft leer blieb.

Heute ist aus dem Teller ein Büffet geworden, das von Musik-Caterern wie Spotify unablässig aufgefüllt wird. An die Stelle ausgewählter Songs, die einzeln bezahlt werden müssen, ist All-You-Can-Hear getreten. Und natürlich geht es zu wie an jedem Büffet: Man langt zu, ohne groß zu überlegen, stopft riesige Mengen von allem Möglichen in sich rein und ist am Ende übersättigt.

Opfer muss der Hörer heute keine mehr bringen. 9,99 Euro für eine unbegrenzte Anzahl von Liedern im Monat – das wäre einem Musikfan im Jahr 1972 paradiesisch vorgekommen. Es ist aber die Hölle. Denn der Streamingdienst verhält sich zum individuellen Plattenregal wie YouPorn zur privaten Liebesbriefsammlung: Alles ist im Überfluss vorhanden, doch nichts ist mehr greifbar. Digitale Lieder sind wie Nummern einer schier endlosen Liste, die stetig länger wird – heute schon Track 19.642.837 gehört?

Wobei das Hören oft nur ein Überspringen ist. Bei vielen unbekannten Songs klickt der Konsument nach 20, 25 Sekunden weiter. Für Musiklabels und ihre Interpreten erwächst daraus ein wirtschaftliches Problem: Spotify zahlt erst dann für einen Stream-Abruf, wenn einem Lied mindestens 31 Sekunden gelauscht wurde. Um den Hörer vom vorzeitigen Drücken der Skip-Taste abzuhalten, lassen es Musikproduzenten daher bereits in den ersten Sekunden krachen. Effekt jagt Effekt. Für einen langsamen Spannungsaufbau fehlt die Zeit. Whams „Club Tropicana" und Billy Joels „Good Night Saigon" würden heute floppen, da das ellenlange Intro aus zirpenden Grillen besteht.

Selbst Klassiker wie „Bohemian Rhapsody" oder „Stairway To Heaven" hätten im Streaming-Zeitalter keine Chance, weil Led Zeppelin und Queen nicht schnell genug zur Sache kommen. So wird Musikhören zum Speed-Dating. In solchen spotify-gepimpten Songs kann sich nichts mehr entwickeln, schon gar nicht eine Story.

Die analogen Aufzeichnungen hingegen erzählten Geschichten. Und zwar nicht nur jene des Songwriters, sondern auch die des Zuhörers. Hinter jeder Platte, jeder Single stecken ganz persönliche Erinnerungen. Manches Lied ist gar ein Liebesbrief, den man einst der Auserwählten per Kassette zukommen ließ, und wenn man Glück hatte, traf man mit den gewählten Tönen den richtigen Ton. So prägte und veränderte Musik das Leben.

Natürlich hütete man solche Schätze. Viele besitzen noch Jahrzehnte später ihre Kassetten aus der Jugend. Weggeworfen wurde nichts. Allenfalls gab man Kleinode (wie Originalalben aus dem Erscheinungsjahr) an die nächste Generation weiter. Das ist im Digitalzeitalter nicht mehr möglich. Eine iTunes-Sammlung lässt sich nicht vererben; sie gehört Apple. Mit dem Tod eines Menschen verschwindet auch dessen Musik.

Aber eigentlich hat sie schon vorher aufgehört zu existieren. 1992 wurde MP3 als offizieller Datenstandard festgeschrieben. Im gleichen Jahr verkündete der Papst, die Erde sei keine Scheibe mehr. Platten und CDs verschwanden nach und nach in den Kellern. An ihre Stelle traten digitale Klänge. Akustische Kulissen, die den Alltag angenehmer machen. (Gibt es eigentlich noch Menschen, die ohne MP3-Spieler joggen?) So hören wir immer mehr Musik und fühlen immer weniger dabei. Eine große Liebe ist gestorben. Die passende Playlist zur Trauerfeier findet sich garantiert bei Spotify.

▶▶ **Wenn Lieder Leben retten (Seite 161)**

▶▶ **Warum die Digitalisierung das Fernsehen zerstört (Seite 83)**

Liebe in Zeiten des Kapitalismus

Geplatzter Deal

Warum Bettina und Christian Wulff schlechte Geschäftspartner waren

Das war die Ausgangslage: Sie hatte ihr Studium abgebrochen, verdingte sich in PR – Karriereaussichten eher mau. Er war ein nicht mehr taufrischer Ministerpräsident – nett, aber hoffnungslos bieder. Beide suchten Veränderung. So kam man ins Geschäft.

Es war die klassische Win-win-Situation: Er verhalf ihr zu sozialem Aufstieg und (gepumptem) Luxus, sie verlieh ihm Glamour und Jugend. So profitierten beide Seiten. Die lukrative Zusammenarbeit besiegelten sie per unbefristetem Vertrag. (Der Volksmund spricht von „Ehe").

Dann lief in seinem Leben einiges schief. Aus dem Bundespräsidenten wurde ein Ex-Bundespräsident. In ihren Augen war er vertragsbrüchig geworden – von sozialem Abstieg war nie die Rede gewesen. Sie schickte ihm eine 224-seitige Abmahnung.

Diese gelangte unter dem Titel „Jenseits des Protokolls" an die Öffentlichkeit. Nun wusste jeder, dass die Geschäftspartnerschaft nur noch auf dem Papier bestand.

Und längst nicht einmal mehr dort. Sie verkündete die Vertragsauflösung, die Regresspflicht läge bei ihm. Auch wurde bekannt, dass sie an einem neuen bilateralen Projekt arbeitete.

Doch dieses scheiterte bereits im Frühstadium. Sie hatte ihren Marktwert überschätzt, war sich nicht bewusst gewesen, dass unter ihren Indiskretionen ihr Ruf gelitten hatte – allzu offenkundige Illoyalität kommt in der Wirtschaftswelt nicht gut an.

Also verbündete sie, die Verliererin, sich erneut mit dem Verlierer. Diesmal wurde die Allianz sogar von höchster Stelle offiziell besiegelt (sie heirateten kirchlich). Allein, es half nichts. Den Makel des Versagens wurden beide nicht mehr los. Am Ende wurde die Geschäftsbeziehung endgültig liquidiert.

Mitleid ist dennoch fehl am Platz. In Zeiten, in denen auch die Liebe den kapitalistischen Gesetzen von Angebot und Nachfrage gehorcht, ist es normal, dass manche Marktteilnehmer auf der Strecke bleiben.

▶▶ **Liebe in Zeiten von Facebook (Seite 113)**

▶▶ **Liebe seit Goethe (Seite 126)**

Hauptdarsteller in e-Moll

Warum der Film „Can a Song Save Your Life?" ein Fall für die Psychologie ist

Kino und Musik – das war von Beginn an eine innige Beziehung. Stummfilmvorführungen lebten von der Klavierbegleitung, die das Leinwandgeschehen dramatisch überhöhte. Mit der Tonspur hielten Musicals und Revuefilme Einzug in die Lichtspielhäuser. Später kamen Dokumentarstreifen über Bands, Konzerte und Tourneen hinzu sowie Spielfilme, die von Musikern oder der Musikbranche handeln. Mittlerweile gibt es sogar Filme, die in Clubs und Diskotheken spielen. Und selbst wenn die Handlung einmal nichts mit Musik zu tun hat, sorgt die akustische Untermalung dafür, dass wir Liebe und Leid, Hochspannung und Grusel intensiver erleben. Ja, manche Filme werden erst durch die Musik überhaupt zu Klassikern – kann man sich „Spiel mir das Lied vom Tod" ohne Mundharmonika vorstellen?

Umso mehr überrascht es, dass es bisher kaum Filme gab, die sich damit beschäftigen, warum wir Musik hören, was sie in uns auslöst und wie sie uns verändert. Vorhang auf für „Can a Song Save Your Life?": ein Liveclub in New York. Eine junge Frau mit Gitarre (Keira Knightley) singt ein selbst verfasstes Lied, „A step you can't take back". Und schon nach einer Strophe ist klar: Diese Frau ist kreuzunglücklich; ihre große Liebe hat sie betrogen und verlassen. Wofür ein Schriftsteller Dutzende von Seiten gebraucht hätte, erzählt das Lied in drei Minuten.

Szenenwechsel: ein Scheidungsvater (Mark Ruffalo) und seine Tochter (Hailee Steinfeld), die einander fremd geworden sind. Irgendwann greift sie zur Gitarre, und er setzt mit dem Bass ein. Als der Song zu Ende ist, sind sich die beiden wieder nah. Wofür ein Familientherapeut zahllose Sitzungen benötigt hätte, schafft die Musik in ein paar Akkorden.

„Can a Song Save Your Life?" ist reich an solchen Momenten. Wir werden Zeuge, wie der Seitensprung eines Popstars (Adam Levine) dadurch auffliegt, dass ihm beim Hören eines Liedes die Mimik entgleist. Wir sehen einen abgewrackten suizidalen Produzenten, der den Glauben an das Leben wiederfindet, als er – siehe oben – ein junges unglückliches Mädchen singen hört. So ergibt minus mal minus am Ende doch plus. Und die Frage, die der Titel stellt, kann eindeutig beantwortet werden: Ja, ein Lied kann ein Leben retten. (Oder zumindest akuten Liebeskummer erträglicher gestalten).

Vor allem dann, wenn Keira Knightley zum Mikrofon

greift. Mag schon sein, dass Carole King, Eddie Brickell, Katie Melua oder Norah Jones bessere Sängerinnen sind. Doch auch dies führt „Can a Song Save Your Life" eindrucksvoll vor Augen/Ohren: Es geht bei Musik nicht ums Bessersein, sondern um Wahrhaftigkeit. Wenn Keira Knightley ihre traurigen Lieder anstimmt, glaubt man ihr jedes Wort und jeden Ton.

Daher braucht dieser wunder-wunderschöne Film, der nebenbei eine Liebeserklärung an New York ist, auch kein klebrig-zuckriges Happyend. Denn das hat der Zuhörer/ Zuschauer nach 100 Minuten verstanden: Wenn der falsche Mensch dein Leben verlässt, bleibt dir immer noch das richtige Lied.

▶▶ **Liebeserklärung an Duisburg: „Solino"**
(Seite 58)

▶▶ **Ehemalige Hauptdarsteller: Rockstars**
(Seite 136)

Andere Umstände

Warum der schwangere Mann eine verstörte Spezies ist

Männer wissen nichts über Frauen. Das zeigt sich bereits in der Pubertät. Die Schüchternheit des männlichen Heranwachsenden ist Symptom dafür, dass er nicht die geringste Ahnung hat, wie er sich seinem weiblichen Gegenstück nähern soll. Mit der ersten Freundin wird es besser. Nach und nach eignet er sich die Regeln der Verständigung an. Die Kommunikation mit einer Frau ist für ihn wie das Erlernen einer Fremdsprache. Wenn er darin begabt ist, beherrscht er das weibliche Vokabular bald fließend. Er wird „verhandlungssicher", und es fällt ihm leicht, auch bei anderen Frauen die richtigen Worte zu finden. Doch es wird nie seine Muttersprache sein. Dies wird ihm bewusst, sobald aus seiner Frau eine Mutter wird.

Natürlich könnte er die Schwangerschaft komplett ignorieren – das haben seine männlichen Vorfahren seit der Einführung des Patriarchats vor 6.000 Jahren schließlich auch getan. Doch er ist – das sagen ihm seine Leib-und-Magen-Zeitschriften GQ und Men's Health – ein „neuer Mann". Also hat er sich gefälligst auch für die neun Mo-

nate vor der Geburt seines Stammhalters zu interessie-
ren. Er wird zum Frauenarzt mitgehen, einen Geburtsvorbereitungskurs besuchen und sich irgendwann wundern,
dass ihm seine Frau immer fremder wird.

Er wird zum Opfer dessen, was man „zu viel Information" nennt. Bis zur Schwangerschaft war Sex für den
Mann eine Betätigung, die einfach Spaß machte. Die pri-
mären und sekundären Geschlechtsmerkmale der Frau
nahm er als Reize wahr, die seiner Lust förderlich waren –
nicht als Organe, die der Fortpflanzung und Aufzucht dienen. Doch plötzlich führen ihm Frauenarzt und Hebamme
drastisch vor Augen, dass die Vagina als Geburtskanal und
die Brüste als Milchdepot genutzt werden können. Aus
abstraktem Schulwissen, das er erfolgreich verdrängt hatte,
werden konkrete Bilder, die mit romantisch-verkitschten
Vorstellungen vom „Wunder der Geburt" nichts zu tun
haben. Spätestens beim Thema Damm- oder gar Scheiden-
riss wähnt er sich im falschen, da viel zu blutigen Film.

Natürlich wird er sich dies nicht eingestehen, und
schon gar nicht anderen. Seinen Freunden wird er voller
Stolz Ultraschallbilder zeigen und vom joggingtauglichen
Hightech-Kinderwagen mit Alufelgen vorschwärmen.
Doch in seinem Innern ist er zutiefst verunsichert. Ein
Schatten seiner selbst, der nicht vermag, seine Verstörung
in Worte zu fassen.

Daher hat er es auch nicht verdient, dass andere sich
über ihn lustig machen. Zum Beispiel Michael Mittermeier,

der in seinem Programm „Achtung Baby" nicht nur über „Eso-Hebammen" herzog, sondern auch die Hilflosigkeit des werdenden Vaters mitleidslos vorführte. Esther Schweins widmete dieser verwirrten Spezies gar ein eigenes Theaterstück. In dem von ihr verfassten Bühnenmonolog HI DAD „wird auf urkomische Weise die ganze Bandbreite des Vaterwerdens, mit allen natürlichen Katastrophen, Ängsten, Flüchen, aber auch den stillen emotionalen Momenten beschrieben." So der Pressetext. Das klingt überzeugend und ist grundfalsch. Denn „urkomisch" ist für den ko-schwangeren Mann rein gar nichts. Er hat seine Identität verloren und kann nur hoffen, sie nach der Geburt – als Vater – wiederzufinden.

▶▶ **Vom schwangeren Mann zum Helikoptervater (Seite 52)**

▶▶ **Vom schwangeren Mann zum narzisstischen Mann (Seite 20)**

Leben im Kalten Krieg

Damals mit Heiner

Warum Politik polarisieren muss

Es war die letzte Hochphase des Kalten Kriegs. Breschnew war gerade gestorben. Ihm sollten zwei weitere Politbüro-Greise folgen, ehe Gorbatschow alles veränderte. Damals aber, Anfang 1983, hätte keiner an Glasnost und Perestroika zu denken gewagt. Wir kannten ja nichts anderes als klare Fronten: USA oder UdSSR? Freiheit oder Sozialismus? Nachrüstung oder Abrüstung?

Man musste sich entscheiden. Selbst in der gemütlichen Bundesrepublik hieß es, Stellung zu beziehen. Es gab die Schwarzen und es gab die Roten. Und es gab einen Schwarzen, der den Roten blaue Augen verpasste: Heiner Geißler.

Sein offizieller Titel lautete Generalsekretär, aber eigentlich hätte General genügt. Denn Geißler verstand die Auseinandersetzung mit dem politischen Gegner als psychologische Kriegsführung. Und wie im realen Krieg ging es darum, den Feind zu überrumpeln. Ihn dort anzugreifen, wo er es am wenigsten erwartete. Geißler, der clevere Jesuit, tat dies, indem er die SPD nicht von rechts attackierte, sondern von links. Er bezichtigte sie der „Mietlüge" und zitierte als Kronzeugen ausgerechnet den Kommunisten Bertolt Brecht: „Wer die Wahrheit nicht weiß, der ist bloß ein Dummkopf. Aber wer sie weiß und sie eine Lüge nennt, der ist ein Verbrecher." Das war der entscheidende Wirkungstreffer im Wahlkampf 1983. Demagogie auf Champions-League-Niveau.

Ich war begeistert und trat in die Protestbewegung Junge Union ein. Denn es war die beste Möglichkeit, die ach so verständnisvollen 68er-Lehrer endlich mal verständnislos zu erleben. Vor allem aber tat ich es, weil ich Geißlers Grundidee teilte: In der Welt des Kalten Kriegs gab es Gute und Böse. Und weil ich Geißlers Scharfsinn und Klarheit bewunderte, musste er zu den Guten gehören. So einfach war das.

Natürlich wurde ich enttäuscht. Heiner Geißlers Versprechen – eine Politik, die aufregender sein würde als das technokratische Verwalten des Status quo – löste Helmut Kohl nicht ein. Und als Kohl ihn 1989 absägte, war nicht nur Geißlers Parteikarriere zu Ende, sondern auch der Kalte Krieg.

Heute könnte ich nicht sagen, wer die Guten sind und wer die Bösen. Wahrscheinlich hat auch Geißler es nicht gewusst. Der Mann, der als Inbegriff des „Schwarzen" galt, nahm im Lauf der Jahre immer mehr „rote" Positionen ein und trat Attac bei. Ja, er wurde sogar Schlichter bei Tarifkonflikten und dem Bahnhofsprojekt Stuttgart 21 – die Zeit der klaren Fronten war auch für Geißler vorbei.

So ist alles ziemlich unübersichtlich geworden. Bei vielen Wahlkampfslogans bin ich mir nicht sicher, ob sie von der CDU, der SPD oder den Grünen stammen. Und dann denke ich an 1983 zurück: Wie aufregend Wahl-Kampf mal war. Damals mit Heiner.

▶▶ **Polarisiert bis heute: Hindenburg (Seite 116)**

▶▶ **Diskriminierte Schwarze (Seite 122)**

Als wir die Griechen noch mochten

Warum die Deutschen so hochmütig wurden

Der Mann war eine Zumutung für jeden braven Bürger. Ein fetter Hippie, der selbstvergessen lächelte. Die braven Bürger aber – jene, die allmonatlich die ZDF-Hitparade verfolgten – liebten ihn. Sie machten „Goodbye my love goodbye" zur erfolgreichsten Single des Jahres 1973 und Demis Roussos zum Star. Es gab damals viele Demis Roussose. Denn der deutsche Schlager war seit den 50ern fest in der Hand von Ausländern. Da gab es die Italienerin Caterina Valente, den Amerikaner Gus Backus, die Dänin Gitte, den Afrokubaner Roberto Blanco, den Südafrikaner Howard Carpendale, die Israelin Daliah Lavi und und und. Wobei die Herkunft für die im Lied erzählte Geschichte keine Rolle spielte. Der Schlagersänger war per se Weltbürger. Die Französin Mireille Mathieu erfuhr die Liebe in Griechenland („Akropolis adieu"), der Grieche Costa Cordalis hingegen in Mexiko („Anita").

Natürlich waren solche gesungenen Urlaubsabenteuer Folklore, so „authentisch" wie Toast Hawaii. Doch für ein Volk, das nur wenige Jahre zuvor versucht hatte, der Welt das deutsche Wesen aufzuzwingen, waren diese musikalischen Trips eine kulturelle Leistung. Man war bereit, sich auf fremde Länder einzulassen, und das ohne Unterstützung von Panzerverbänden und Fliegerstaffeln.

Fernweh wurde zum Grundgefühl einer ganzen Nation. Im Wirtschaftswunderland zählten Arbeit, Geld und Status, aber anderswo – so glaubten die Deutschen – fand das schöne, das wahre Leben statt. Man sehnte sich nach der Hauptstadt des einstigen Erbfeinds („Ganz Paris träumt von der Liebe"), nach Italien („Capri-Fischer") und dem Nahen Osten. Das Morgenland galt damals nicht als Brutstätte für Fundamentalisten, sondern als Kulisse für Geschichten aus 1001 Nacht. Das ging so weit, dass Fernsehkoch Clemens Wilmenrod ein selbstkreiertes Hackfleischgericht als „Arabisches Reiterfleisch" präsentierte und so die Fantasien der Zuschauer befeuerte. Doch auf Dauer war die Wirklichkeit stärker. In dem Maß, in dem internationaler Tourismus und Terrorismus wuchsen, verlor die Ferne ihren Glanz, ihre Magie. Sie wurde gewöhnlich. Binnen weniger Jahre drehte sich das Image einstiger Sehnsuchtsregionen um 180 Grad. Spätestens in den 80ern erschienen viele fremde Länder und die dort lebenden Menschen als Bedrohung oder Ärgernis. Niemand mochte mehr Liedern lauschen, die von exotischen Liebschaften handelten.

An die Stelle ausländischer Schlagersänger traten Deutschrocker. Diese erhoben die Abkehr von der großen weiten

Welt zum Programm. Der Rückzug in den heimischen Kiez galt nun nicht mehr als Zeichen von Provinzialität, sondern als Ausdruck neuen Selbstbewusstseins. Udo Lindenberg schwärmte von der Reeperbahn, Grönemeyer besang die herbe Schönheit Bochums, und die Toten Hosen betonten bei jeder Gelegenheit, wie sehr ihnen Düsseldorf und die Fortuna am Herzen liege.

Was dabei übersehen wurde: Lokalpatriotismus ist auch Patriotismus. Mit dem Stolz auf die eigene Heimat wächst vielfach die Geringschätzung fremder Kulturen. Wir bilden uns viel ein auf unsere gepflegten Multikulti-Städte mit ihren internationalen Restaurants und Läden, doch wir blicken herab auf „die dummen Amis", „die fanatischen Araber" und sogar auf unsere europäischen Partner. Verständnislos schütteln wir den Kopf über das Wahlverhalten der Ungarn, die Arbeitsmoral der Franzosen und die Korruption der Italiener. Dieser Hochmut verbindet Linke, die gegen „politisch verblödete" Amerikaner wettern, mit Rechten, die Türken, Kurden, Araber und Perser in einen Topf werfen. Den Rest erledigt die Boulevardpresse. Spätestens, wenn BILD gegen die „Abzock-Griechen" hetzt, wünscht man sich ins Jahr 1973 zurück. Damals, als die Lebenslust eines Mannes, der von innen heraus strahlte, die Deutschen verzauberte. Der Mann hieß Demis Roussos. Er war Grieche.

▶▶ **Als wir noch spielten (Seite 71)**

▶▶ **Dort liefen auch Schlager: Disco (Seite 42)**

172

Das falsche Leben

Was Facebook mit uns macht

Warum soziale Medien unser Sozialverhalten verändern

Die Party war übel, richtig übel. Und die 500 Leute, die außerdem da waren, dachten ähnlich. Selten habe ich so viele schlecht gelaunte Menschen auf einem Haufen gesehen. Doch als ich tags darauf im Internet die Fotogalerie zu jener Party anklickte, traute ich meinen Augen nicht: Da wurde um die Wette gestrahlt, als würde das überzeugendste Lächeln mit einer Fernreise prämiert. Und jeder, der nicht auf der Party gewesen war, musste den Eindruck gewinnen, er hätte das Event des Jahres verpasst.

Das war das erste Mal, das ich den Bildern nicht mehr glaubte. Seitdem hatte ich viele solcher Erlebnisse, und daran trägt Facebook Schuld. Dabei meint dessen Chef Mark Zuckerberg es eigentlich gut mit mir. Er verspricht mir: „Facebook ermöglicht es dir, mit den Menschen in deinem Leben in Verbindung zu treten und Inhalte mit diesen zu teilen." Nun ist das mit dem „Inhalte teilen" so eine Sache. Denn die „Inhalte" sind in vielen Fällen nur Handy-Schnappschüsse. Und auch das Wort „Teilen" hat bei Mark Zuckerberg eine andere Bedeutung als bei Mutter Teresa: Hier geht es nicht um Nächstenliebe und Barmherzigkeit. Ob man ein Brot teilt oder ein Foto ist ein himmelweiter Unterschied. Ersteres stillt den Hunger, Letzteres weckt ihn.

Denn geteilte Fotos zeigen niemals schnöden, öden Alltag. Keinen frustrierten Angestellten, der von seinem Vorgesetzten zusammengestaucht wird. Keine Mutter mit kreischendem Blag, die in der Supermarktschlange verzweifelt. Kein zerstrittenes Paar, das sich über die unverschlossene Zahnpastatube in die Haare gerät. Vielmehr sind die Fotosammlungen auf Facebook Best-of-Alben, in denen Menschen ihr Leben als Aneinanderreihung großer Momente präsentieren. Also sieht man seine „Freunde" in den Metropolen der Welt, an Bilderbuchstränden, auf Skipisten und in angesagten Clubs und Bars. Man sieht sie lachend, küssend, feiernd. Und selbst wenn sie einer unspektakulären Tätigkeit wie Essen nachgehen, wird garantiert nicht Dosenravioli aufgetischt, sondern Steak von einem täglich massierten Rind oder irgendein exotisches Spezialgericht.

Man könnte neidisch werden. Wie unsere Eltern oder Großeltern, wenn der Nachbar mit dem neuen Mercedes vorfuhr. Bloß taugen heute, in Zeiten von Wohlstand und Überfluss, Autos nur noch bedingt als Statussymbol. Wer prestigemäßig punkten will, braucht nicht mehr PS, sondern mehr Erlebnisse. Selbst Langweilern kann dabei geholfen werden: „Reise dich interessant", versprach ein namhaftes Online-Reisebüros all jenen, die ohne viel Aufwand ihr gesellschaftliches Kapital mehren mochten.

Für diese Form der Anerkennung bietet Facebook die richtige Plattform. Jedes „Gefällt mir" für ein Urlaubs-, Party-, Sport- oder Essensfoto ist die Bestätigung dafür, dass man das richtige Leben führt. Doch die Freude währt nur kurz. Weil es immer jemanden gibt, der mehr erlebt, aufregendere Orte besucht, wilder feiert – zumindest machen die Bilder dies glauben.

Auf diese Weise sorgen Facebook und sein wortkarger Bruder Instagram dafür, dass unser Privatleben ständig auf dem Prüfstand steht. Immer wieder müssen wir der Weltöffentlichkeit beweisen, dass es uns prächtig geht, dass wir glücklich sind. Es genügt nicht zu leben, wir müssen ein interessantes Leben vorweisen können.

Das hat Auswirkungen auf unser Sozialverhalten. Freizeit, das war einmal das Gegenmodell zur Arbeitszeit. Der Beruf mochte Hochleistung verlangen, doch mit dem Feierabend begann das entspannte Leben. Die sozialen Netzwerke haben diese Trennung aufgehoben. Mit Handy-Selbstporträts – den Selfies – dokumentieren wir, was wir außerhalb der Arbeitszeit leisten. So entsteht Freizeitstress. Statt die Zeit mit Freunden und Partnern unbeschwert zu genießen, sind wir in Gedanken schon beim nächsten Facebook-Eintrag, natürlich mit „spontanem" Foto, das beweist, wie viel Spaß wir gerade haben. Was dabei auf der Strecke bleibt: die Hingabe an die Gegenwart, das Eintauchen in den Augenblick. Gefällt mir nicht.

▶▶ **Wir Trendtrottel (Seite 90)**

▶▶ **Liebe in den Zeiten von Facebook (Seite 113)**

Das verworrene Jahrzehnt

Warum die 90er eine Befreiung waren

Das Tor zum Paradies stand sperrangelweit offen. Endlich war der Augenblick gekommen, die Vergangenheit hinter sich zu lassen. Ein neues goldenes Zeitalter stand unmittelbar bevor.

Das zumindest behaupteten 1990 die Leitartikelschreiber der großen Zeitungen. Mit dem Fall der Berliner Mauer wäre – so glaubten sie – nicht nur der Kalte Krieg zu Ende, nein, endlich würde auch der Weltfrieden Einzug halten. Alle Menschen würden Brüder.

An Brudermord hatte dabei leider niemand gedacht. Doch genau das geschah. Die jugoslawische Großfamilie, die jahrzehntelang leidlich miteinander ausgekommen war, zerstritt sich, als das Haushaltsgeld knapp wurde. Der folgende Geschwisterkrieg zwischen Kroaten, Serben, Bosniern und Albanern war die erste Überraschung der 90er: Das neue Zeitalter fühlte sich ziemlich alt an, ein wenig wie 1914.

Die zweite Überraschung war die, dass auch an anderen Orten der Welt kein Friede einkehrte. Solange zwischen den USA und der UdSSR das „Gleichgewicht des Schreckens" geherrscht hatte, überlegten sich selbst durchgeknallte Drittweltdiktatoren zweimal, ob Sie beim Nachbarn einmarschieren sollten. Nun aber, da die UdSSR in ihre 15 Republiken zerfiel, rumste es an allen Ecken und Enden. Ob Kuwait, Tschetschenien oder Ruanda – plötzlich waren Krieg und Völkermord wieder en vogue. Worum es dabei im Einzelnen ging, war für Menschen, die nicht Peter Scholl-Latour hießen, meist kaum nachvollziehbar. Wer waren die Guten und wer die Bösen im Bergkarabach-Konflikt? Und wo lag dieser Berg Karabach überhaupt?

Alles war so schrecklich kompliziert geworden. Und nicht einmal die Musik brachte Klarheit. Denn auch dort hatten sich die alten Frontstellungen – hier Radiopop und Stadionrock, dort Indie-Pop und Punkrock – aufgelöst. Am 11. Januar 1992 endete der Kalte Krieg der Musikszene. An diesem Tag erreichten Nirvana mit „Nevermind" Platz 1 der US-Charts. Damit war das Unvorstellbare eingetreten: Eine Independent-Band führte die Verkaufshitparade an, und das auch noch mit Grunge, einem musikalischen Bastard aus Hardcore-Punk und Metal!

Einen Kontinent weiter verhalfen Rammstein der Neuen Deutschen Härte zum kommerziellen Durchbruch. Sogar der oft atonale Techno fand seine Herde. An der ersten Loveparade 1989 hatten 150 Leute teilgenommen, 1994 waren es 120.000, 1999 über 1,5 Millionen.

Der Underground war Mainstream geworden. Das Extreme zog die Massen. Selbst Gewaltverherrlichung war nicht länger ein Fall für die Subkultur. Mit „Reservoir Dogs", einem anderthalbstündigen Blutbad für Menschen mit robustem Magen, machte der ehemalige Videothekar Quentin Tarantino die Bosse in Hollywood auf sich aufmerksam. Dort stürzte man sich auf sein Drehbuch für „Natural Born Killers" und stellte ihm einen Blankoscheck für „Pulp Fiction" aus – zwei Filme, die Serien- und Auftragskiller ziemlich cool aussehen lassen. Was Millionen von Kinogängern nicht weiter störte.

Auch Gangsta-Rapper, wie Ice-T oder Snoop Doggy Dogg, wurden allenfalls milde dafür gerügt, dass sie in ihren Texten Straftatbestände wie Zuhälterei und Drogenhandel anpriesen. Schwerer hatten es da jene, die wie eh und je brav ihre drei Akkorde droschen. So schimpfte der Techno-Pionier Wolfram Neugebauer (Wolle XDP): „Rock ist reaktionär. Leute, die heute Rockmusik hören, leben in der Vergangenheit."

Nur traf dies nicht auf Bands wie Pulp, Blur und Oasis zu, die Rockmusik spielten und dennoch auf der Höhe der Zeit waren. Und genau das machte die 90er aus: Für jede Behauptung ließ sich ein Dutzend Gegenbeispiele finden. Kein Wunder, dass FAZ-Herausgeber Frank Schirrmacher in der Aufsatzsammlung „Der westliche Kreuzzug" nicht weniger als „41 Positionen zum Kosovo-Krieg" versammelte. Und jeder der 41 Autoren hatte irgendwie recht und irgendwie unrecht.

Das war verwirrend, aber gleichzeitig befreiend – weil Sowohl-als-auch mehr Spaß macht als Entweder-oder und weil die großen Vereinfacher (Ideologen, Extremisten, Verschwörungstheoretiker) plötzlich als Dummköpfe dastanden. Und so lösten die 90er dann doch noch das Versprechen der 80er ein: „Anything goes! Alles geht!" Oder, um mit der großen Philosophin PippilottaViktualiaRollgardinaPfefferminzaEfraimstochter Langstrumpf zu sprechen: „Wir machen uns die Welt, widde widde wie sie uns gefällt."

▶▶ **Das ewige Jahrzehnt: die 00er (Seite 46)**

▶▶ **Der Star der 90er: Robbie Williams (Seite 101)**

Kampf den Fachidioten!

Warum Betriebswirte aus der Kultur verschwinden müssen

Es gab in der Bundesrepublik mal etwas, das sich „soziale Marktwirtschaft" nannte. Der Begriff wurde meist missverstanden. Es ging nämlich nicht darum, die Marktwirtschaft besonders sozial zu gestalten. Vielmehr war es so, dass die arbeitende Bevölkerung die Wahl hatte: Die eine Hälfte ging in die freie Wirtschaft und erfuhr dort die Gesetze des Kapitalismus – im schlimmsten Fall Bankrott oder Kündigung. Die andere Hälfte ergriff einen Beruf, der im weitesten Sinne „sozial" war. Das mochte im Krankenhaus sein, bei der Kirche, auf dem Amt, bei der Polizei, im Museum oder beim Theater.

Auf diese Weise konnte es passieren, dass Millionen von Deutschen ihr Leben lang nicht mit der kapitalistischen Arbeitswelt in Berührung kamen. Man schaute befremdet nach Amerika, wo „Heuern und Feuern" die Regel war, und begriff nicht, dass man selber auf einer Insel der Seligen lebte.

Dieses betuliche Eiland versinkt seit einigen Jahren peu à peu im Meer. Längst haben auch in kulturellen und sozialen Einrichtungen die Kettenhunde des Kapitalismus – die Effizienzer und Controller – Einzug gehalten. Siesta war gestern; selbst in Behörden ist die Zahl der Kaffeepausen rapide zurückgegangen.

Nun ist gegen mehr Leistung ja eigentlich nichts einzuwenden. Bloß folgt Kreativität anderen Gesetzen. All das, was unter Produktivitätsfanatikern verpönt ist – Ziellosigkeit, Abschweifungen, zweckfreies Ausprobieren –, dient hier einem guten Ergebnis. Die besten Ideen sind Zufallsprodukte.

Ein solcher Gedanke muss einem Unternehmensberater, dessen Denken sich um betriebswirtschaftliche Kennzahlen dreht, natürlich ketzerisch vorkommen. Er wird nicht begreifen, dass „Leistung" sich nicht immer in Zahlen ausdrücken lässt, sondern manchmal nicht mehr ist als ein Gedankenanstoß. Man sieht einen Film, hört ein Lied, liest ein Buch, betrachtet ein Theaterstück und hat plötzlich eine neue Sicht aufs Leben.

Daher sind öffentlich geförderte Initiativen, Einrichtungen und Orte wie Proberäume für Bands, Kulturfabriken, Kunstakademien, Musikschulen sowie freie und kommunale Theater auch kein Sahnehäubchen fürs vergreisende Bildungsbürgertum, sondern eine Notwendigkeit. Die Gesellschaft – das sind wir – braucht Reservate der Kreativität. Schutzräume, in denen sich Menschen einfach mal austoben können, ohne dass gleich ein Unternehmensberater mit Taschenrechner anrückt und fragt:

„Ist das wirtschaftlich?"

Wirtschaftlich? Nein. Aber es zahlt sich dennoch aus. Weil Kultur den Blick aufs Wesentliche öffnet, auf die Grundwahrheiten des Lebens – und das sind nicht Effizienz und Produktivität. Oder um es mit den Worten des Schauspielers Matthew Broderick zu sagen: „Das Leben geht ziemlich schnell vorbei. Wenn du nicht ab und zu stehenbleibst und dich umsiehst, könntest du es verpassen."

▶▶ **Öffnet den Blick aufs Wesentliche: Bernd Begemann (Seite 29)**

▶▶ **Siesta war gestern: das Studentenleben (Seite 26)**

Der Preis, den wir zahlen

Warum „La La Land" ein Anti-Liebesfilm ist

Vorsicht, dieser Film ist eine Mogelpackung! Lassen Sie sich nicht täuschen. Nicht von den ausgelassenen Tanz- und Musiziereinlagen, nicht von den Farben, die knatschbunter sind als jede Kindergeburtstagsdeko, und schon gar nicht von dem chronisch schönen Wetter. Denn das Licht der Sonne ist nur ein schwacher Trost für jene, die ins Rampenlicht wollen.

Willkommen im La La Land! Das steht für Los Angeles, für Hollywood und seine Unterhaltungsindustrie. Es ist aber auch das Synonym für jene Fantasiewelt, in der das Wunschdenken regiert, in der alles möglich ist, weil der Traum stärker ist als die trostlose Wirklichkeit.

Was also hat es zu bedeuten, wenn ein Film, der in Hollywood gedreht wurde, von einer Frau handelt, die in Hollywood groß rauskommen will? Im Fall von Oscar-Gewinner Damien Chazelle: harte Arbeit. Er ist der Blut-Schweiß-und-Tränen-Philosoph unter den Regisseuren. Sein erster Kinofilm „Whiplash" erzählte die Geschichte eines ehrgeizigen Nachwuchsschlagzeugers, der unter einem bestialischen Lehrmeister zu Hochform aufläuft –

die SM-Version von „Ohne Fleiß kein Preis".

„La La Land" vermittelt eine ähnliche Botschaft mit anderen Mitteln. Wieder führt der Weg nach oben über Erniedrigungen. Doch diesmal hat Chazelle die filmische Versuchsanordnung erweitert: Wie reagieren zwei Menschen aufeinander, die beide nach den Sternen greifen wollen oder – karrieretechnisch ausgedrückt – permanent ihr Ziel fokussieren.

Nur ist das mit dem Fokussieren so eine Sache: Wer seinen Blick auf einen einzigen Punkt richtet, nimmt nicht mehr wahr, was links und rechts von ihm passiert. So laufen die beiden Hauptdarsteller, Ryan Gosling und Emma Stone, erst mal aneinander vorbei. Sie verfehlen sich, weil ihre Gedanken zu sehr um das eigene Leben kreisen. Ausgerechnet an jenem Ort, der serienweise Liebesgeschichten produziert, hat es die Liebe besonders schwer.

Denn selbst die Traumfabrik Hollywood ist am Ende nur eine Fabrik. Eine Knochenmühle, in der man mit Liebe nicht weit kommt. „La La Land" zeigt den Frust, der dem Erfolg vorausgeht. Die ermüdenden Jobs als Tablettschieberin oder Barklimperer. Die Hoffnungen, die immer wieder enttäuscht werden. Die Hürden, die sich stets aufs Neue aufbauen. So klopft der Knüppel namens Alltag die Liebe mürbe.

Den Rest erledigt der Erfolg, weshalb „La La Land" weniger mit „My Fair Lady" gemein hat als mit „Toni Erdmann". Während bei „My Fair Lady" sozialer Aufstieg und

Liebe noch miteinander einhergingen, gibt es in „La La Land" und „Toni Erdmann" nur ein Entweder-oder. Die nach oben Strebenden müssen für ihre Karriere bezahlen. Mit dem beruflichen Fortkommen kommt die Liebe fort.

Dieses Tauschgeschäft aber ist uns Experten für Lebensabschnittspartnerschaften und Fernbeziehungen allzu vertraut. Wo jeder seine Laufbahn verfolgt, laufen die Wege am Ende getrennt. Deshalb ist ein Happy End – und das ist die bittere Botschaft von Regisseur Damien Chazelle – nur noch als Tagtraum möglich. Wir malen uns aus, was hätte sein können. Und dann gehen wir zur Tagesordnung über.

▶▶ **La La Land, früher: New Hollywood**
   (Seite 146)

▶▶ **Roman ohne Happy End: Uwe Kopf (Seite 87)**

Kein Echtleben im falschen

Warum Katja Kullmann die Lebenslüge der Kreativen offenlegt

In den 70er Jahren gab es keine Kreativen. Zumindest verstand man etwas anderes darunter. Kreativ, das war eine überschaubare Minderheit von Künstlern, die zwischen Genie und Wahnsinn taumelten. Den Begriff umgab, je nachdem in welcher Runde er benutzt wurde, ein Hauch des Zweifelhaften, Anrüchigen.

Dies änderte sich in den 80ern. Mit der Einführung des Privatfernsehens, dem Aufkommen des subjektiven „New Journalism" und dem Boom der Werbeagenturen durchlief das Wort eine Metamorphose. Der Kreative war nicht länger ein entschwebter Einzelgänger, sondern Teil einer aufregenden großstädtischen Szene. Er oder sie gehörte zu jenen Privilegierten, die nicht dem Takt der Stechuhr gehorchten, sondern nur ihrer Inspiration. Ihre Berufung war ihr Beruf. Und das Beste daran: Der Spaß wurde auch noch prächtig bezahlt.

Kein Wunder, dass plötzlich jeder kreativ sein wollte.

Zumal die Kreativen massiv Eigenwerbung betrieben und so ihre eigene Konkurrenz nährten. Indem sie sich in Vorabendserien, Zeitschriftenartikeln, auf Modeschauen und sogar im Kino („Cannes-Rolle") selbst feierten, weckten sie unter jungen Menschen, die vor der Berufswahl standen, die Begehrlichkeit, es ihnen gleichzutun. Von Arbeit war seltsamerweise dabei nie die Rede. Von Talent auch nicht – wieso auch? Steckt nicht in jedem von uns ein Kreativbündel, das nur befreit werden muss?

So kam es, wie es kommen musste: Pünktlich zu den Wirtschaftskrisen der 00er Jahre wurde der Markt mit Kreativen überschwemmt. Und weil Angebot und Nachfrage noch immer den Preis regeln, purzelten die Honorare und Gehälter. Ganze Berufsgruppen – Kameraassistenten, Modedesigner, Werbegrafiker, freie Journalisten – machten die Erfahrung, dass das Nachtleben nur noch halb so gut schmeckt, wenn man die Cocktails nicht bezahlen kann.

Keine weiß dies besser als Katja Kullmann. 2002 hatte sie mit „Generation Ally" (eine feministische Erwiderung auf „Generation Golf") einen Bestseller gelandet, wenige Jahre später lebte sie von Hartz IV. In „Echtleben" beschreibt sie den Kater, den Kreative wie sie erlitten, als die Party zu Ende war. Durch das Buch zieht sich ein Ton der Verbitterung, der Enttäuschung darüber, dass kreative Menschen – im wahrsten Sinn des Wortes – um ihren Lohn gebracht werden.

Selbstkritik sucht man vergebens, und wenn dann offenbart sie sich unfreiwillig. Kullmann, die Ressortleiterin bei einer Frauenzeitschrift war, räumt ein, dass das Produkt ihrer Arbeit eher mittelmäßig war – interessante Redakteurinnen, uninteressante Zeitschrift. An dieser Stelle hätte das Buch spannend werden können. Doch auf die nahe liegende Frage kommt Kullmann nicht: Wie viele Erzeugnisse, die Kreative herstellen, sind Ausdruck von Kreativität? Und wie viele einfach nur fad, uninspiriert, abgekupfert? Die Antwort darauf dürfte Kullmann nicht gefallen: Vielleicht ist die Gesellschaft am Ende ja doch nicht schuld. Vielleicht ist es einfach nur so, dass zu viele Menschen den falschen Beruf ergriffen haben.

▶▶ **Lebenslügen mit tödlichen Folgen: Tatort (Seite 104)**

▶▶ **Betrogene Studenten (Seite 26)**

Liebe zu Drogen

Braucht Deutschland mehr Koks?

Warum „Endlich Kokain" das subversivste deutsche Buch ist

Ich sag es lieber gleich, bevor die Drogenfahndung auf der Matte steht: Ich bin sauber. Ich nehme weder Hasch noch Speed, weder Kokain noch Heroin. Dennoch muss ich ein Buch anpreisen, dessen Inhalt genau das propagiert, was der Titel verspricht: „Endlich Kokain".

Ich weiß: ganz heikles Thema. Bei Drogen, da denkt man an dummgekiffte Faselköpfe, an zugekokste Egomanen oder gleich an Junkies – Christiane F. lässt grüßen. Bloß hat Stephan Braum, der Drogenkonsument in Joachim Lottmanns Roman, mit all diesen Abschreckgestalten nichts gemein. Sein Problem ist nicht der Kontrollverlust, sondern das Gegenteil. Er ist zu gehemmt, zu angepasst und außerdem noch fett. Ein Mensch „ohne Erlebnisse, ohne Zärtlichkeit". Man kann sich vorstellen, wie es um Braums Selbstwertgefühl bestellt ist.

Bis ein Bekannter ihm ein „todsicheres Mittel gegen Übergewicht" empfiehlt: Kokain. In einer typischen Drogengeschichte würde nun die Abwärtsspirale einsetzen. Doch Lottmann geht die Sache von der entgegengesetzten Seite an: In seinem drogenfreien Leben war der Hauptakteur ein psychisches Wrack. Jetzt, als Abhängiger, entwickelt er sich zu einem seelisch gesunden Menschen. Denn die Droge nimmt diesem Antihelden nicht nur das Hungergefühl, sondern auch die Selbstzweifel. Braum verliert seine Verstocktheit und Scheu. Er dreht auf, blüht auf, steigt auf – vom armen Schwein zum tollen Hecht.

Dazwischen liegen Szenen, die sich in ihrer Absurdität und Komik lesen wie die postmoderne Fortsetzung der „Bekenntnisse des Hochstaplers Felix Krull". Lottmann lässt einen sympathischen Blender auf die Gesellschaft los – und alle fallen darauf herein. Braum hat dabei leichtes Spiel: „Er wusste ja inzwischen, dass eigentlich alle Menschen Freundlichkeit mögen. Sie mögen es auch, wenn man auf sie zukommt. Oder wenn man sie überraschend anruft (...) oder sonstwie nett ist." Diese Bedürftigkeit hat ihren Grund: „Fast alle Menschen in unseren Breitengraden sind etwas schüchtern und einsamer als sie sein wollen."

Es geschieht an dieser Stelle, dass einem das Lächeln verrutscht. Aus dem belustigten Dauerschmunzeln wird ein Stirnrunzeln. Weil einem bewusst wird, dass dieser Stephen Braum ja erst durch massiven Drogengebrauch zu einem weniger schüchternen und weniger einsamen Menschen wird. Dass das Rauschgift also nicht dem Rausch dient, sondern eine therapeutische Funktion hat. Erst die

Droge ermöglicht es dem Konsumenten, aus dem Psychoknast seiner Hemmungen und Komplexe auszubrechen und der zu werden, der er gern wäre – endlich Kokain, endlich Mensch!

Und dann fallen einem die verhärmten Gesichter in Bussen und U-Bahnen ein, die zahllosen Frustrierten, die sich im Internet verbal austoben, und all die Verbitterten, die mit dem Verlauf ihres Lebens hadern. Und auf einmal erscheint der Gedanke, Kokain auf Krankenschein zu verabreichen, gar nicht mehr so abwegig.

▶▶ **Braucht Deutschland mehr Disco? (Seite 42)**

▶▶ **Droge Weihnachten (Seite 196)**

Liebe zur Gemeinschaft

Zurück zum Rudel

Warum wir die WM und die EM brauchen

Es gab kein Entrinnen: Man wurde geboren, und der Weg war vorgegeben. Man war Teil des Dorfes, Ortes oder Viertels. Man gehörte zu Pfarrei, Partei, Verein oder Gewerkschaft (manchmal auch zu allem). Man war katholisch, evangelisch oder jüdisch, Handwerksmeister, Arbeiter oder Angestellter. Nur eines war man nicht: Individuum. Die Gruppenzugehörigkeit definierte den Menschen. Das konnte im schlimmsten Fall tödliche Folgen haben – Juden wissen ein trauriges Lied davon zu singen.

Die schlechte alte Zeit endete in Westdeutschland 1945. Mit den Amerikanern kamen nicht nur Coca Cola und Nylonstrümpfe, sondern auch ein neues Menschenbild. Plötzlich hatte man eine Wahl: Marsch- oder „Negermusik"? Bundfalten- oder Nietenhose? Hörsaal oder Demo? Jeder Entscheidung lag die Überlegung zugrunde: „Wer möchte ich sein? Zu welcher Gruppe möchte ich gehören?"

Bloß brachte jede neue Gruppe Untergruppen hervor. „Negermusik", gut und schön, aber welche? Die Beatles oder die Stones? Zugegeben, ein harmloser Konflikt. In der Politik hingegen nahm der Kampf zwischen den Splittergruppen absurde Formen an. Spätestens als Marxisten, Maoisten und Trotzkisten sich gegenseitig bekämpften, wusste man, dass von deutschem Boden keine Weltrevolution ausgehen würde.

Langsam wurde es unübersichtlich. Erst recht, als man anfing, Dinge zu mischen, die eigentlich nicht zusammenpassten: das erzreaktionäre Country & Western-Milieu und den anarchische Punk, den HipHop der Schwarzen und den Heavy Metal der Weißen, die kreuzbrave heterosexuelle Schlagerwelt und die schrille schwule Subkultur. Es gab jetzt Country-Punk, Heavy-Metal-Rap, Schlager-Travestie und noch Tausende andere kulturelle Neuschöpfungen, die man am Bindestrich in der Mitte erkannte.

Und selbst dort, wo man nichts hinzufügte, sondern einfach das Alte und Verstaubte hervorholte, klang es mit einem Mal anders: Easy Listening war jetzt nicht mehr spießige Tanzschulenbeschallung, zu der Oma Rumba gelernt hatte, sondern phatte Klubmucke. Das Versprechen der 80er Jahre, „Anything goes", wurde nun, in den 90ern, eingelöst.

Doch der Preis dafür war hoch. Denn nun, da jeder tun und lassen konnte, was er wollte, gab es nichts mehr, wovon man sich hätte abgrenzen können. Die Hamburger Band Tocotronic brachte dieses Dilemma auf die griffige Formel: „Ich möchte Teil einer Jugendbewegung sein." Ein Wunsch, der schon deshalb nicht in Erfüllung gehen kann, weil es weder gemeinsame Ziele und noch einen gemeinsamen Feind gibt, sondern nur noch Individuen, für die Identitätssuche ähnlich funktioniert wie Spontankäufe in einem gut sortierten Supermarkt. Religion? „Buddhismus ist schon cool, aber Weihnachten geh ich in die Kirche." Politik? „Die SPD ist auch nicht mehr das, was sie mal war. Soll ich jetzt die Linke wählen oder die AfD?" Musik? „Ich bin offen für alles, vom Requiem bis zu Death Metal."

Wie die jeweiligen aktuellen Vorlieben aussehen, wird dann über Facebook und Twitter der Weltöffentlichkeit mitgeteilt. Schön für die „Freunde" und „Follower": Nie war es leichter, in Sachen Lieder, Filme, Bücher und Mode abseitige Geheimtipps zu erfahren. Und nie schwerer, Menschen zu finden, die einen ähnlichen Geschmack haben – denn dann wäre er ja nicht mehr individuell.

Nur manchmal spüren all die Individuen, dass die Freude an ihrer Einzigartigkeit trotz „Gefällt mir"-Button von niemandem geteilt wird. Dann wünschen sie sich nichts sehnlicher, als in der Masse aufzugehen. Endlich wieder „wir" zu sagen, statt immer nur „ich". Also werden auch kommenden Sommer auf öffentlichen Plätzen Massen zusammenströmen, um im Rudel elf hochgradig begabte Menschen anzufeuern. Dass diese nur dann gewinnen können, wenn sie ihre individuellen Fähigkeiten in den Dienst der Gemeinschaft stellen – das ist ein Gedanke, den man mal sacken lassen sollte.

▶▶ **Warum wir Eventdinner brauchen (Seite 61)**

▶▶ **Der lange Weg zum Individuum (Seite 126)**

Und täglich grüßt das Weihnachtslied

Warum für uns immer „Last Christmas" ist

Für Theologen ist Weihnachten das Fest des himmlischen Friedens. Anwälte sehen dies anders. Für sie beginnt das Fest erst nach den Feiertagen. Dann, wenn frustrierte Partner die Kanzleien stürmen, um die Scheidung einzureichen. Zu keiner Zeit des Jahres gehen mehr Ehen und Beziehungen zu Bruch als an den Weihnachtstagen.

Soweit die Fakten. Ja, es gibt sogar ein Weihnachtslied, ein einziges, das diese unangenehmen Tatsachen anerkennt: „Last Christmas" von Wham. Der Song beschreibt die ganz normale Jahresend-Tristesse: Partnerin macht mit Partner am zweiten Weihnachtstag Schluss – schöne Bescherung! Trauer, Wut, Enttäuschung. Es folgen die üblichen Wehklagen des Verlassenen, sinngemäß: „Du bist eiskalt, hast mich nur benutzt." (George Michael singt von „soul of ice").

So weit, so schlecht. Kein Stoff für Evergreens, sonst wäre das traurige „Another lonely Christmas" von Prince, das ebenfalls 1984 erschien, ein Dauerbrenner – ist es aber nicht. Leid pur bringt keine Hits. Erst der Silberstreif sorgt für Goldene Schallplatten. George Michael, Komponist von „Last Christmas", wäre nicht der größte Romantiker unter den Songwritern, wenn er nicht den Weg aus dem Elend aufzeigte: „Dieses Weihnachten wird alles besser. Dann bekommt der/die Richtige mein Herz" – Happyend mit einem Jahr Verspätung.

Diese Botschaft aber kommt den Glückssuchern des 21sten Jahrhunderts nur allzu bekannt vor. In der chaotischen postmodernen Welt, in der Partnerschaften im Schnitt vier Jahre halten und jede zweite Ehe geschieden wird, wimmelt es von Enttäuschten. Von Beziehungsgeschädigten, die – wenn sie nicht seelisch zerbrechen wollen – immer wieder neu Hoffnung schöpfen müssen.

Das fällt oft schwer. Erst recht, wenn sich das Jahr gen Ende neigt. Wenn von den Vorsätzen und Zielen, mit denen man gestartet war, nicht allzu viel übrig geblieben ist. Wenn Träume und Wünsche geplatzt sind. Dann braucht man einen Menschen, der einen auffängt, aufbaut oder wenigstens versteht. Einen Mann wie George Michael, der seit 35 Jahren die passenden Worte findet und, wenn schon nicht für den himmlischen, so doch für inneren Frieden sorgt. Und falls es dieses Weihnachten wieder nicht klappt? Kopf hoch! Das nächste Fest der Liebe kommt bestimmt.

▶▶ **Glückssucher in La La Land (Seite 184)**

▶▶ **George Michael (Seite 49)**

Iss noch was?

Warum Essen zum Persönlichkeitsmerkmal wurde

Am Anfang war der Hunger. Nicht der lustvolle Löwen-hunger, mit dem die Hersteller von Schokoriegeln werben, sondern ein fieser Hyänenhunger, bei dem um Essen ge-kämpft wird. Bei dem ein Stück Butter den Unterschied zwischen Überleben und Tod ausmachen kann. Am Ende fehlte vielen Deutschen dieses Stück Butter – der Hunger-winter 1946/47 kostete Hunderttausende das Leben.

Dann kam die Währungsreform 1948. Schlagartig füll-ten sich die Wurst- und Fleischtheken des Landes. Und sie leerten sich ebenso rasch wieder, weil eine ganze Nation sich endlich satt essen wollte. Die Deutschen fraßen, als gäbe es kein morgen. Übergewicht war kein Makel, son-dern ein Abzeichen. Stolz wie Sumoringer präsentierten brave Bürger ihre Speckgürtel. „Wir sind wieder wer", das war auch eine Frage von Kilos und Kalorien. Nur anderт-halb Jahrzehnte nach dem verlorenen Krieg hatten die Deutschen wieder Gewicht.

Natürlich konnte das nicht lange gutgehen. Für die Nachkommen der einstigen Nazis oder Mitläufer war

Hunger nur eine Floskel am Esstisch („Iss deinen Teller leer! Die Kinder in Afrika wären froh ...“). Sie sahen in ihren Eltern keine Erfolgstypen, denen es nachzueifern galt, sondern behäbige Dicke, die den Anschluss an die moderne Welt verpasst hatten. Saturierte, für die „Satisfaction“ nicht ein freieres, wilderes Leben mit vorehelichem Beischlaf bedeutete, sondern der sonntägliche Braten mit anschließendem Nickerchen.

Die Jugend aber hatte die Fetten satt. Die neuen Rollenmodelle, Mick Jagger und Twiggy, waren dürr. Der Wohlstandsbauch wurde unsexy. Und als Deutschlands führende Frauenzeitschrift 1969 die erste „Brigitte-Diät“ veröffentlichte, war Dünnsein im Mainstream angekommen. Das vernichtende Schlusswort hatte Marius Müller-Westernhagen neun Jahre später: „Dicke ham's so schrecklich schwer mit Frauen, denn Dicke sind nicht angesagt. Drum müssen Dicke auch Karriere machen. Mit Kohle ist man auch als Dicker gefragt.“ Eine verbale Hinrichtung.

Essen war uninteressant geworden. Der Plattenteller zählte mehr als das Tellergericht. Und die Welt dort draußen mit ihren tausend Verheißungen verlangte volle Aufmerksamkeit. Wo Kneipen, Klubs, Kinos und Konzerte lockten, fehlte die Zeit für Muttis Mehrgangmenüs – Mama Miracoli kochte schneller. Nahrungsaufnahme wurde zur Nebensache. Appetit machten andere Dinge. Die „Hungry Eyes“ hatten keine Kalorienzufuhr, sondern „Dirty Dancing“ im Sinn.

Zudem waren Sex, Drugs & Rock'n'Roll in Verbindung mit der passenden Mode das beste Mittel, um sich von der miefigen Erwachsenenwelt abzugrenzen. Ob Hippie oder Punk, Popper oder Gothic, Metaller oder Raver, bis in die 90er Jahre hinein wirkten die verschiedenen Subkulturen identitätsstiftend – „ich provoziere, also bin ich."

Das funktioniert immer so lange, bis das Unvermeidliche geschieht: Die Rebellen von einst werden selber Eltern. Natürlich wollen sie alles anders machen als ihre wohlgenährten, früh vergreisten Väter und Mütter. Jung und cool möchten sie bleiben, koste es, was es wolle.

Also hören sie weiterhin die wilde Musik ihrer Teenager- und Twenzeit und kleiden sich, zumindest in der Freizeit, betont lässig. 40-jährige Frauen kostümieren sich als Girlies, und ihre männlichen Pendants zwängen sich in löchrige Designer-Jeans. Menschen in der Lebensmitte tragen die Insignien der Popkultur zur Schau. Die Grünen-Vorsitzende Annalena Baerbock hält in der Lederjacke Parteitagsreden, und der Internet-Gelehrte Sascha Lobo doziert mit rotem Iro vor Unternehmerverbänden – als diente Punk nur der Selbstvermarktung!

Doch wo die Älteren um jeden Preis jung erscheinen wollen, haben es die Jüngeren schwer, jung zu sein. Mode und Musik taugen nicht mehr, um sich von der Erwachsenenwelt abzugrenzen. Und politisches Engagement? Wer in den 80er Jahren gegen Kernkraft und die Nachrüstung protestierte, konnte sich gewiss sein, das Establishment gegen sich zu haben. Im Strahl des Wasserwerfers fühlten sich die Kinder der Reihenhausbesitzer wie Che Guevara. Und heute? Ausgerechnet CDU und CSU setzen den schnellen Atomausstieg durch und schaffen die Wehrpflicht ab. Ja, selbst die „Fridays for Future"-Proteste der Schüler finden deren Erzieher irgendwie gut, vielleicht, weil sie an ihre eigene Demozeit erinnert werden.

Es ist wie in der Fabel von Hase und Igel: Wo immer es jüngere Menschen hinzieht, sind die älteren längst da. Natürlich gibt es noch Oasen der Provokation. Man könnte frauenverachtenden Gangsta-Rap hören, Neonazi oder Islamist werden. Aber wer will das schon? Also bleibt nur die Flucht nach hinten. Back to the roots! Zurück ins Biedermeier! Zu Einmachgläsern, Einkaufen ohne Verpackungen, Brotbacken an der heimischen Feuerstelle.

So schließt sich der Kreis: Für die Großeltern hieß Leben Überleben. „Hauptsache satt werden!" Die Eltern wollten intensiv leben, alles auskosten. „Nach uns die Sintflut!" Mit dieser Einstellung brachten sie den Meeresspiegel zum Steigen. Ihre Vielfliegerei und Fleischvöllerei machten die Erde zum Treibhaus. Ihre Einkaufs- und Essgewohnheiten – Verpackung aufreißen, Inhalt konsumieren, Verpackung wegwerfen – füllten die Ozeane mit Plastik.

Und so geht es für die Kinder wieder ums Überleben. Damals wie heute ist die Nahrung der Schlüssel hierzu. Bloß zählt nicht mehr die Menge des Essens, sondern dessen Entstehungs- und Verkaufsbedingungen. Wer in

der Discounter-Kühltheke zum abgepackten Fließband-
kotelett greift, gilt als Umweltmörder. Der Fleischeslust
hängt – wieder mal – der Hauch des Verruchten an. Doch
geht es diesmal nicht um nackte menschliche Haut, sondern um den Verzehr von Tieren. Wer die Zeitschrift
„Beef" abonniert und demonstrativ im Winter grillt, darf
sich als Tabubrecher fühlen.

Auch der Brotaufstrich kann zum ethischen Fallstrick
werden. Nutella-Konsumenten müssen sich vorhalten lassen, den Palmölverbrauch und damit die Abholzung des
Regenwalds zu forcieren. Ja, selbst Veganer haben keinen
Freibrief in Sachen Ernährung. Die Avocado, als Super-
food gepriesen, hat eine superverheerende Umweltbilanz.

Dabei muss man weder Ökologie noch Klimatologie
studiert haben, um über die diversen Nahrungsketten-
reaktionen Bescheid zu wissen. Auf Facebook, Instagram und Twitter werden umweltschädliche Lebensmittel
und deren Hersteller und Anbieter sofort geoutet und an-
geprangert. Niemand kann sich mehr scheinheilig auf ein
„Das habe ich nicht gewusst" berufen. Mediale Shitstürme
wirbeln in Rekordgeschwindigkeit durchs Internet. Über
die sozialen Netzwerke wächst der gesellschaftliche Druck,
sich „richtig" zu ernähren. Wer Junkfood und Süßigkeiten
in sich reinstopft, hat es in der öffentlichen Wahrnehmung
schwer. Denn heute gilt: Man ist, was man isst. Was essen
Sie eigentlich?

Wichtig im Leben

Danke sagen

- Katharina Hölz für ihre Geistesblitze, ihre Gedanken-anstöße und ihren Blick für den roten Faden

- Christian Baron, Philip Wolff und Peter Reinhart für ihre Fürsprache in ihren Redaktionen

- Matthew Broderick für „Ferris macht blau"

- Allen nicht-prominenten und prominenten Menschen (einige kommen in diesem Buch vor), die dafür sorgen, dass ich die Frage „War's das schon?" immer wieder mit einem brutalstmöglichen NEIN beantworte

»Am Tag, als Janis Joplin starb, unterschrieb mein Vater den Kaufvertrag für unser Reihenhaus. Er legte so den Grundstein dafür, dass eine große Liebe zu einer Gütergemeinschaft verkam.«

»Es gibt Bücher, die sind so gelungen, das man sie kaum aus der Hand legen mag – es sei denn, um sich die Lachtränen abzuwischen. Frank Jöricke ist mit seinem Erstling ein derartiges Kunstwerk gelungen.«
Badisches Tagblatt

Frank Jöricke:
Mein liebestoller Onkel, mein kleinkrimineller Vetter und der Rest der Bagage
Münster: Solibro Verlag 2010
[cabrio Bd. 2]
ISBN 978-3-932927-36-2
Broschur • 256 Seiten • als eBook:
eISBN 978-3-932927-53-9 (epub)
als Download-Hörbuch:
ISBN 978-3-932927-04-1
gelesen von **Ingo Naujoks**

mehr **Infos & Leseproben:**
www.solibro.de

»Es erinnert ein
wenig an Bridget
Jones und ihre
Turbulenzen,
aber die Pointen
sind noch viel
schärfer.«
kues.de

»TV-Schauspielerin Yvonne
de Bark hat mit „1001
Date" einen herrlich leichten
Sommerroman geschrieben.«

rtv

»Früher war alles leichter –
vor allem ich.«

Bea hat einen Plan: Die
ganz knapp nicht mehr
Enddreißigerin, setzt sich
das Ziel, so viele Frösche
zu küssen, bis endlich der
richtige Mann dabei ist.

Yvonne de Bark:
1001 Date
Roman
Münster: Solibro Verlag 2017
[amora Bd. 2]
ISBN 978-3-96079-017-4
Broschur • 240 Seiten
als eBook:
eISBN 978-3-96079-018-1 (epub)
als Download-Hörbuch:
eISBN 978-3-96079-019-8
gelesen von der Autorin

mehr **Infos & Leseproben:**
www.solibro.de

»Was unterscheidet den normalen Bürger, der keine Banken überfällt, von Ihnen?«, stellte die Gutachterin ihre erste Frage. – »Der fehlende Mut«, lächelte ich sie ironisch an.

Knast produziert Verbrechen. Dieses Buch ist der Beweis. Reiner Laux war »Zorro, der Gentleman-Bankräuber«. 13 Banken hat er erleichtert und wurde nie auf frischer Tat ertappt. Er wurde verurteilt, akzeptierte seine Strafe und saß 7,5 Jahre ab. Dieser schonungslose Insider-Bericht macht dem Leser sinnlich erfahrbar, was es heißt, in überfüllten Massenzellen jahrelang Gesundheit, Geschlecht und Würde vor Mördern, Triebtätern oder Junkies schützen zu müssen.

Reiner Laux:
Seele auf Eis.
Ein Bankräuber rechnet ab.
Münster: Solibro Verlag 2018
[Klarschiff Bd. 13]
ISBN 978-3-96079-053-2
Broschur • 384 Seiten
E-Book: eISBN 978-3-96079-054-9

mehr **Infos & Leseproben:**
www.solibro.de

Eine ironische
Breitseite gegen
Überheblichkeit
und Standes-
dünkel im
Management

**Spätestens seit der
TV-Serie Stromberg**
ahnt auch das gemeine
Volk, dass es sich bei
der glorreichen Welt des
Managements um eine
Mogelpackung handelt.
Wenn sich Manager auf
rationale Entscheidungen
berufen und auf
Betriebswirtschaftslehre
oder gar Logik
verweisen, folgt das
Geschehen in Wahrheit
meist den Regeln von
Psychologie und
Soziologie.

Ralf Lisch: **Inkompetenz-
kompensationskompetenz.
Wie Manager wirklich ticken.
Geschichten**
Münster: Solibro Verlag 2016
[Klarschiff Bd. 8]
ISBN 978-3-96079-013-6
Broschur • 224 Seiten
E-Book: eISBN 978-3-96079-014-3

mehr **Infos & Leseproben:**
www.solibro.de